A LITERATURA, OS ESCRITORES E O LEVIATÃ

Conheça os títulos da Coleção Biblioteca Diamante:

A arte da guerra e da liderança — Napoleão Bonaparte
A arte de ter razão — Arthur Schopenhauer
A decadência da mentira e outros ensaios — Oscar Wilde
A literatura, os escritores e o Leviatã — George Orwell
A mão invisível do mercado — Adam Smith
As dez melhores histórias do Decamerão — Giovanni Boccaccio
D. Benedita, Clara dos Anjos e outras mulheres — Machado de Assis e Lima Barreto
Um pecador se confessa — Santo Agostinho

GEORGE ORWELL

A LITERATURA, OS ESCRITORES E O LEVIATÃ

APRESENTAÇÃO
BRAULIO TAVARES

TRADUÇÃO
JORGE BASTOS CRUZ

COLEÇÃO
BIBLIOTECA DIAMANTE

EDITORA
NOVA
FRONTEIRA

Direitos de edição da obra em língua portuguesa no Brasil adquiridos pela
EDITORA NOVA FRONTEIRA PARTICIPAÇÕES S.A. Todos os direitos reservados.
Nenhuma parte desta obra pode ser apropriada e estocada em sistema de banco
de dados ou processo similar, em qualquer forma ou meio, seja eletrônico, de
fotocópia, gravação etc., sem a permissão do detentor do copirraite.

EDITORA NOVA FRONTEIRA PARTICIPAÇÕES S.A.
Rua Candelária, 60 — 7º andar — Centro — 20091-020
Rio de Janeiro — RJ — Brasil
Tel.: (21) 3882-8200

Dados Internacionais de Catalogação na Publicação (CIP)

O79l
 Orwell, George
  A literatura, os escritores e o Leviatã / George Orwell;
 tradução de Jorge Bastos Cruz. – Rio de Janeiro : Nova
 Fronteira, 2021. (Coleção Biblioteca Diamante)
  128 p.

 Título original: *Why I Write*
 ISBN: 978-65-5640-293-2

 1. Literatura inglesa. 2. Ensaio. I. Cruz, Jorge
 Bastos. II. Título.

CDD: 823   CDU: 821.111

André Queiroz – CRB-4/2242

SUMÁRIO

ENSAIOS DE GEORGE ORWELL · BRAULIO TAVARES   7

POR QUE ESCREVO   13
A PREVENÇÃO DA LITERATURA   26
OS ESCRITORES E O LEVIATÃ   48
A POESIA E O MICROFONE   60
POLÍTICA E LÍNGUA INGLESA   73
POLÍTICA *VERSUS* LITERATURA: UMA ANÁLISE DE *AS VIAGENS DE GULLIVER*   96

SOBRE O AUTOR   127

ENSAIOS DE GEORGE ORWELL
BRAULIO TAVARES

A literatura de George Orwell (1903-1950) tem obtido um sucesso parcial, em que duas obras suas tornaram-se mais conhecidas e acabaram eclipsando uma parte essencial do que ele escreveu. Por maior que seja sua importância, *1984* (1949) e *A revolução dos bichos* (1945) são apenas a parte mais visível de um iceberg de ideias (e de provocações) literárias e políticas que o autor distribuiu ao longo de uma vida lamentavelmente curta.

A publicação destes ensaios literários pode enriquecer nosso entendimento de quem foi Orwell e das ideias pelas quais ele se batia, bem como dar mais peso às suas obras mais famosas, que muitas vezes são vítimas de leituras apressadas ou interpretações superficiais.

É curioso que Orwell, cujo temperamento e estilo o inclinavam para um realismo áspero e quase documental, tenha se tornado célebre por uma distopia semifuturista e por uma alegoria com animais falantes. Parece existir uma tensão permanente, nos seus escritos, entre a imaginação que quer levantar voo e a ansiedade documental que o força a relatar, a descrever, a registrar o que viu e viveu.

Os ensaios reunidos neste volume foram publicados entre 1943 e 1948, o período de publicação de *A revolução dos bichos* e de escrita de *1984*, ou seja, os últimos anos da vida de Orwell (que morreu aos 46). São, na visão retrospectiva que podemos ter hoje, a síntese do momento de maturidade do escritor. Após a devastação da Segunda Guerra Mundial, Orwell tentava encarar o caótico processo de reconstrução do mundo em meio à Guerra Fria e à ameaça atômica.

Procurava ao mesmo tempo dar conta do papel de escritor numa Inglaterra abalada pela guerra, vitoriosa, mas em crise. Após o armistício, foi travada uma luta contra os Estados totalitários, por meio da militância política nas telecomunicações, na imprensa escrita e na literatura. E Orwell, que se envolveu em todas essas frentes de combate, se considerava um indivíduo que tinha a sorte de ter "facilidade com as palavras e o poder de lidar com fatos desagradáveis" ("Por que escrevo").

Muitas das imaginações surpreendentes de *1984* (o "duplipensar", o "Ingsoc", a "novilíngua") foram certamente pensadas durante a construção destes ensaios em que Orwell investe contra as deformações de seu idioma — de um lado, a pomposidade vazia dos repetidores de clichês e frases feitas; do outro, o desmazelo e a sintaxe inarticulada dos que não estudaram. Pensar com realismo e falar com clareza eram tarefas políticas que se impunham. Como ele mesmo diz, "se você estiver num navio afundando, seus pensamentos serão sobre navios que estão afundando" ("Os escritores e o Leviatã").

Orwell, que se esforçava dolorosamente para obter força e limpidez de expressão, deixou inúmeras fórmulas memoráveis sobre o papel da palavra na destruição e reconstrução da realidade. "Quem controla o passado controla o futuro. Quem controla o presente controla o passado", diz ele em 1984, e já no ensaio "A prevenção da literatura" ele esboça a sugestão de que "muita gente que consideraria escandaloso adulterar um livro científico nada veria de errado em adulterar um fato histórico". Autores de ficção científica como Isaac Asimov ironizaram um pouco a sutil ousadia imaginativa da tecnologia "retrô" de 1984. A imaginação de Orwell, no entanto, não estava voltada para os eletroeletrônicos, mas para a linguagem, a manipulação mental das massas e dos indivíduos.

Estes são ensaios totalmente atuais — chega a ser divertido ver que o autor já se queixava, em 1946 ("Política e língua inglesa"), de que a palavra "fascismo" perdera totalmente o sentido, significando apenas "algo não desejável". Palavras pomposas e aparentemente inquestionáveis como *"democracia, socialismo, liberdade, patriótico, realista, justiça"* são usadas para justificar qualquer coisa, qualquer ideia, qualquer ação. Ninguém sabe mais o que significam, ou melhor, cada um pode dizer que significam qualquer coisa que lhe convenha no momento.

Curiosamente, uma parte do sucesso de que Orwell desfruta hoje se deve ao fato de que, na área específica da luta ideológica, seus livros são reivindicados tanto pela direita quanto pela esquerda. A direita aponta, com razão, o stalinismo soviético como uma das principais inspirações para suas duas alegorias antitotalitárias. A esquerda lembra, igualmente com razão, que Orwell lutou contra o fascismo na Catalunha e afirmava: "Cada linha dos trabalhos sérios que escrevi desde 1936 foi escrita, direta ou indiretamente, contra o totalitarismo e pela democracia socialista, do jeito que a compreendo" ("Por que escrevo").

Orwell se desiludiu ainda muito jovem, quando foi levado a viver em Burma e espiar o que o imperialismo britânico varria para debaixo do tapete. De volta à Europa, obrigou-se a conhecer por dentro a vida dos europeus indigentes (*Down and Out in Paris and London*, 1933), dos ingleses miseráveis (*The Road to Wigan Pier*, 1937), dos espanhóis antifascistas (*Homage to Catalonia*, 1938).

Seu "socialismo" não era um conjunto de teorias filosóficas discutidas em volta da lareira. Era talvez uma solução de emergência, um caminho possível de mudança num mundo em que o poder dispunha de tanques e da bomba atômica. Seu refúgio final foi a literatura imaginativa, para a qual ele destinou a lucidez, o rigor e a irreverência que já estavam presentes nos artigos desta coletânea.

Orwell voltou-se para a narrativa distópica por ter percebido a inutilidade das utopias livrescas. A utopia é um gênero literário em que parece ser possível resolver os problemas do mundo sem gerar nenhum problema novo. Como ele mesmo diz em "Os escritores e o Leviatã":

E na maioria de nós ainda persiste a crença de que toda escolha, mesmo na política, é entre o bem e o mal, e que, se algo é necessário, é também correto. Creio ser hora de nos livrarmos dessa crença, que vem do berço. Em política, tudo que se pode fazer é decidir qual dos dois males é o menor, havendo situações das quais só se escapa agindo como um demônio ou um lunático.

POR QUE ESCREVO

Desde muito cedo, lá pelos cinco ou seis anos de idade, soube que seria escritor quando crescesse. Entre meus dezessete e vinte e quatro anos tentei abandonar essa ideia, mas tinha consciência de estar violando minha verdadeira natureza e de que, mais cedo ou mais tarde, teria de parar e escrever livros.

Dos três filhos que meus pais tiveram, eu era o do meio, mas havia um intervalo de cinco anos entre cada um de nós, e eu mal vi meu pai até meus oito anos. Por essas e outras razões, fui um tanto solitário e logo me adaptei a certas manias desagradáveis que me tornaram bastante impopular no colégio. Tinha o hábito, típico de crianças solitárias, de inventar histórias e manter conversas com pessoas imaginárias, e acho que desde o início minhas ambições literárias se misturavam ao fato de me sentir isolado e subestimado. Sabia que tinha facilidade com as palavras e o poder de lidar com fatos desagradáveis, notei que isso havia criado uma espécie de mundo particular, onde eu poderia me vingar do meu fracasso na vida cotidiana. No entanto, o volume de escritos sérios

— isto é, pretensamente sérios — que produzi durante toda a infância e juventude não passou de meia dúzia de páginas. Compus meu primeiro poema aos quatro ou cinco anos, com minha mãe anotando tudo o que eu ditava. Não consigo me lembrar exatamente do poema, mas sei que girava em torno de um tigre, e ele tinha dentes que lembravam cadeiras — uma imagem bastante boa, embora, imagino, o poema não passasse de um plágio de "O tigre", de Blake. Aos onze anos, quando começou a guerra de 1914-18, escrevi um poema patriótico que foi publicado num jornal local, assim como outro, dois anos depois, por ocasião da morte de Kitchener. Depois disso, já um pouco mais velho, de vez em quando escrevia poemas sobre a natureza em estilo georgiano, sempre ruins e muitas vezes inacabados. Também me aventurei num conto que foi um grande fracasso. Esse foi o total de escritos pretensamente sérios que de fato consegui colocar no papel durante todos aqueles anos.

Mesmo assim, ao longo daquele período, de alguma forma me engajei em atividades literárias. Para começar, havia coisas de encomenda que eu produzia rápido e facilmente, sem muito prazer pessoal. Além dos trabalhos escolares, escrevi *vers d'occasion* e poemas semicômicos que consegui produzir com uma rapidez que hoje me parece impressionante — aos quatorze anos escrevi uma peça inteira em rimas, imitando Aristófanes, em aproximadamente uma semana —, e ajudei a editar revistas no colégio, tanto impressas quanto manuscritas. Essas revistas eram as coisas mais lamentáveis e burlescas que se possa imaginar, e eu tinha menos trabalho com elas do que teria hoje com o jornalismo mais ordinário. Junto a isso, por quinze anos ou mais, levei adiante um exercício literário de tipo bem diferente: a criação de uma "história" contínua sobre mim mesmo, uma espécie de diário que só existia na minha cabeça. Acho que esse é um hábito comum entre crianças e adolescentes. Quando era muito pequeno, costumava imaginar que eu era alguém como, digamos, Robin Hood, e me retratava como o herói de aventuras incríveis, mas logo minha "história" deixou de ser diretamente narcisista para se tornar cada vez mais uma mera descrição do que eu andava fazendo e do que via. Por alguns minutos, coisas assim passavam pela minha cabeça: "Ele empurrou a porta e entrou na sala. Uma fresta amarela de sol, filtrada pelas cortinas de musselina, incidia sobre a mesa onde estava uma caixa de fósforos, semiaberta, ao lado de um tinteiro. Com a mão direita no bolso, ele andou até a janela. Na rua, um gato corria atrás de uma folha morta etc. etc." Esse hábito continuou até meus vinte e cinco anos, justamente ao longo dos meus anos não literários. Embora tivesse de buscar — e eu realmente buscava — as palavras certas, parecia fazer esse esforço de descrição quase contra a minha vontade, como uma espécie de compulsão vinda de fora. Suponho que a "história" tenha refletido os estilos de vários escritores que eu admirava nas diversas épocas, mas, pelo que lembro, sempre teve a mesma qualidade descritiva minuciosa.

Foi aos dezesseis anos que descobri a simples alegria das palavras, isto é, dos sons e das associações de palavras. Por exemplo, esses versos de *Paraíso perdido*:

So hee with difficulty and labour hard
Moved on: with difficulty and labour hee[1]

Agora eles não me parecem assim tão maravilhosos, mas na época me provocavam calafrios; e a grafia *hee* em vez de *he* era um prazer a mais. Quanto à necessidade de descrever coisas, eu já sabia tudo a respeito. Já era óbvio o tipo de livro que queria escrever, se é que se pode dizer que na época eu realmente queria escrever livros. Queria escrever romances naturalistas enormes com finais infelizes, cheios de descrições detalhadas e analogias extraordinárias, e também cheios de passagens floreadas em que palavras seriam usadas em parte apenas pela sonoridade que tivessem. De fato, meu primeiro romance acabado, *Dias na Birmânia*, que eu escrevi aos trinta anos mas havia idealizado muito antes, é exatamente esse tipo de livro.

Se exponho aqui todas essas informações de base é porque não acredito que se possa avaliar as motivações de um escritor sem saber um pouco da sua formação inicial. Os assuntos que o interessam são determinados pela época em que ele vive — isso, em todo caso, vale para épocas

---

[1] Literalmente: "Então ele com dificuldade e trabalho duro / Seguiu adiante: com dificuldade e trabalho ele." Ou, na tradução portuguesa de António José de Lima Leitão (1787-1856): "Com trabalho difícil, duro, insano, / Rompeu, ele o primeiro, esta árdua estrada." (N.T.)

tumultuosas e revolucionárias como a nossa —, mas, antes que sequer comece a escrever, terá adquirido uma atitude emocional da qual nunca escapará totalmente. Faz parte do trabalho, sem dúvida, disciplinar seu temperamento e evitar ficar preso em um estágio ainda imaturo, em um momento perverso; mas, se ele realmente escapar das primeiras influências, estará matando o impulso que havia para escrever. Além da necessidade de ganhar a vida, acho que há quatro grandes motivações para se escrever, ao menos no que se refere à prosa. Essas motivações existem em diferentes níveis em qualquer escritor, sendo que em cada um as proporções variam de época para época, conforme o ambiente em que vive. Cito-as:

1. Puro egoísmo. Vontade de parecer inteligente, ser o alvo das atenções, ser lembrado depois da morte, se vingar dos adultos que o esnobavam na infância etc. etc. É besteira fingir que essa não é uma motivação, e das mais fortes. Escritores compartilham tal característica com cientistas, artistas, políticos, advogados, soldados, empresários de sucesso — enfim, com a elite da humanidade. A grande massa dos seres humanos não é exageradamente egoísta. Mais ou menos depois dos trinta anos, deixamos a sensação de sermos indivíduos — e vivemos principalmente para os outros, ou simplesmente sufocados pelo trabalho duro e monótono. Contudo, existe uma minoria de pessoas talentosas, obstinadas, determinadas a viver

suas vidas intensamente, até o fim, e os escritores pertencem a esse grupo. Escritores sérios, eu diria, são em sua maioria mais vaidosos e autocentrados do que jornalistas, embora menos interessados em dinheiro.

2. Entusiasmo estético. Percepção da beleza do mundo externo ou, principalmente, das palavras e da sua correta harmonização. Prazer no impacto que uma sonoridade provoca na outra, ou na solidez da boa prosa, ou no ritmo de uma boa história. A vontade de compartilhar uma experiência que se acredita ter muito valor e não ser desprezada. A motivação estética é fraca em muitos escritores, mas mesmo um escritor mais panfletário ou um autor de livros didáticos tem suas palavras e frases preferidas, aquelas que o atraem por razões não propriamente utilitárias; ou ainda, pode ter sentimentos fortes em relação à tipografia, à largura das margens etc. Nenhum livro — a não ser um mero guia de horários e itinerários de trens — é totalmente livre de considerações estéticas.

3. Impulso histórico. Vontade de ver as coisas como elas são, de descobrir fatos reais e armazená-los para a posteridade.

4. Objetivo político (utilizo aqui a palavra "político" no sentido mais amplo possível). Vontade de empurrar o mundo numa certa direção, para alterar a ideia que outras pessoas têm do tipo de sociedade pelo qual querem lutar. Mais uma vez: nenhum

livro está totalmente livre de um viés político. A opinião de que a arte nada tem a ver com a política é em si uma atitude política.

É possível notar como esses diversos impulsos lutam uns com os outros e flutuam de pessoa a pessoa, de época a época. Por natureza — levando-se em consideração que "natureza" é o estado em que você se encontra assim que se torna adulto —, sou uma pessoa em quem as primeiras três motivações tenderiam a pesar mais do que a quarta. Numa época calma, eu poderia ter escrito livros mais agradáveis ou meramente descritivos e assim continuado, independente das minhas tendências políticas. Porém, da forma como as coisas se passaram, fui forçado a me tornar uma espécie de panfleteiro. Primeiro desperdicei cinco anos numa profissão inadequada (a Polícia Imperial da Índia, em Burma), depois caí na pobreza, com a sensação de fracasso. Isso aumentou minha raiva natural pela autoridade e gerou em mim, pela primeira vez, uma consciência plena da existência das classes trabalhadoras. O trabalho em Burma já me dera certa compreensão da natureza do imperialismo, mas essas experiências não foram suficientes para uma orientação política exata. Então vieram Hitler, a guerra civil espanhola etc. Lá pelo fim de 1935, eu ainda não tinha chegado a uma decisão firme. Lembro-me de um pequeno poema que escrevi naquele período, expressando meu dilema:

A happy vicar I might have been
Two hundred years ago

To preach upon eternal doom
And watch my walnuts grow;

But born, alas, in an evil time,
I missed that pleasant haven,
For the hair has grown on my upper lip
And the clergy are all clean-shaven.

And later still the times were good,
We were so easy to please,
We rocked our troubled thoughts to sleep
On the bosoms of the trees.

All ignorant we dared to own
The joys we now dissemble;
The greenfinch on the apple bough
Could make my enemies tremble.

But girl's bellies and apricots,
Roach in a shaded stream,
Horses, ducks in flight at dawn,
All these are a dream.

It is forbidden to dream again;
We maim our joys or hide them:
Horses are made of chromium steel
And little fat men shall ride them.

I am the worm who never turned,
The eunuch without a harem;

Between the priest and the commissar
I walk like Eugene Aram;

And the commissar is telling my fortune
While the radio plays,
But the priest has promised an Austin Seven,
For Duggie always pays.

I dreamt I dwelt in marble halls,
And woke to find it true;
I wasn't born for an age like this;
Was Smith? Was Jones? Were you?[2]

---

2   Literalmente: "Que feliz vigário eu teria sido / Há duzentos anos / Para pregar a condenação eterna / E ver minhas nozes crescerem; // Nascido, porém, ai de mim, numa época maldita, / Perdi aquele refúgio agradável, / Afinal, pelos cresceram acima dos meus lábios / E todo o clero está bem barbeado. // E mais tarde, embora os tempos ainda fossem bons, / Éramos tão fáceis de se agradar, / Que embalávamos nossos pensamentos atormentados até dormir / Nos colos das árvores. // Todos tão ignorantes ousávamos ter / As alegrias que agora fingimos não ter; / Aquele verdilhão no galho da maçã / Poderia fazer meus inimigos tremer. // Mas as barrigas das meninas e os damascos, / Peixes num córrego sombreado, / Cavalos, patos em voos ao amanhecer, / Tudo isso um sonho. // É proibido sonhar de novo; / Mutilamos nossas alegrias ou as escondemos: / Cavalos são feitos de aço cromado / Que homenzinhos gordos cavalgam. // Sou o verme que continuou verme, / O eunuco sem um harém; / Entre o padre e o comissário, / Estou mais para Eugene Aram; // E o comissário está lendo a minha sorte / Enquanto o rádio toca, / Mas o padre prometeu um Austin Seven, / Já que Duggie sempre paga. // Sonhei que vivia entre corredores de mármore, / E acordei para descobrir que era verdade; / Não nasci preparado para uma época dessa; / E Smith? E Jones? E você?" (N.T.)

A guerra espanhola e outros eventos de 1936 provocaram mudanças radicais, e passei a saber de que lado estava. Cada linha dos trabalhos sérios que escrevi desde 1936 foi escrita, direta ou indiretamente, *contra* o totalitarismo e *pela* democracia socialista, do jeito que a compreendo. Numa época dessa, é bobagem pensar que se pode evitar escrever sobre assuntos como esses. Todo mundo escreve sobre isso, de uma forma ou de outra. Trata-se de uma questão simples: saber de que lado se está e qual abordagem seguir. Quanto mais se está consciente do seu próprio viés político, mais chance se terá de agir politicamente sem sacrifício da sua estética e da sua integridade intelectual.

O que eu mais quis fazer durante os últimos dez anos foi transformar escritos políticos em arte. Meu ponto de partida é sempre um sentimento de resistência, um senso de injustiça. Quando sento para escrever um livro, não penso "Vou produzir uma obra de arte". Escrevo porque quero expor alguma mentira, algum fato para o qual quero chamar atenção, e minha preocupação inicial é ser ouvido. Mas não me daria ao trabalho de escrever um livro, ou mesmo um artigo longo para uma revista, se não fosse também uma experiência estética. Quem quer que analise meu trabalho verá que, mesmo quando se trata de propaganda explícita, contém mais do que um político profissional consideraria irrelevante. Não sou capaz, e nem quero, de abandonar completamente a visão de mundo que adquiri na infância. Enquanto estiver vivo e bem, continuarei a ter fortes sentimentos em relação ao estilo da prosa, a amar a terra e a ter prazer com coisas concretas e detalhes de informação inútil. Não faz sentido tentar suprimir esse meu lado. O trabalho consiste em reconciliar meus mais arraigados gostos e desgostos com as atividades não individuais, essencialmente públicas, que nossa época nos impõe.

Não é fácil. Isso levanta questões de construção e de linguagem, e de renovadas formas, a questão da verdade. Deixem-me dar apenas um exemplo do tipo mais imediato de dificuldade. Meu livro sobre a guerra civil espanhola, *Homenagem à Catalunha*, é, com toda evidência, um livro declaradamente político, mas no geral é escrito com certo distanciamento e cuidado estilístico. Esforcei-me bastante para contar a história toda sem violar meus instintos literários. Entretanto, entre outras coisas, o livro apresenta um longo capítulo, cheio de citações extraídas de jornais e afins, defendendo os trotskistas acusados de conspirar com Franco. Claramente um capítulo como esse, que depois de um ou dois anos perderia sua atualidade para qualquer leitor comum, poderia estragar o livro. Um crítico que eu respeito chegou a me passar um sermão sobre o assunto: "Por que você incluiu tudo aquilo? Transformou o que poderia ser um bom livro em jornalismo." O que ele disse era verdade, mas eu não poderia fazer de outra forma. Afinal, eu sabia o que pouquíssimas pessoas na Inglaterra podiam saber, que homens inocentes eram vítimas de falsas acusações. Se eu não estivesse tão furioso com aquilo, nunca teria escrito o livro.

De um jeito ou de outro, esse problema surge de novo. O problema da linguagem é mais sutil e levaria muito tempo para ser discutido. Digo apenas que nos últimos anos tentei escrever de forma menos pitoresca e com maior precisão. De qualquer maneira, acho que, quando você chega a aperfeiçoar um estilo de escrita, é porque já o superou. *A revolução dos bichos* foi o primeiro livro em que, com plena consciência do que fazia, tentei conjugar o propósito político e o propósito artístico num texto só. Não escrevo um romance há sete anos, mas espero escrever outro em breve. Está fadado ao fracasso, todo livro é um fracasso, mas sei com alguma clareza o tipo de livro que quero escrever.

Ao rever as duas últimas páginas, percebo que fiz minhas motivações para escrever parecerem puro espírito cívico. Não quero deixar essa impressão. Todos os escritores são vaidosos, egoístas e preguiçosos, e é lá no fundo das suas motivações que reside o mistério. Escrever um livro é uma luta terrível e exaustiva, como uma longa crise de doença dolorosa. Ninguém se submeteria a algo assim, a não ser que fosse levado por algum demônio, desses a que não se pode resistir, tampouco compreender. Talvez o tal demônio seja simplesmente o mesmo instinto que faz um bebê gritar por um pouco de atenção. Ainda assim, é igualmente verdade não ser possível escrever alguma coisa legível sem um esforço constante de se apagar a própria personalidade. A boa prosa é como uma vidraça. Não posso dizer com certeza quais das minhas motivações são mais fortes, mas sei quais delas merecem ser seguidas. E, ao rever todo o meu trabalho, percebo que invariavelmente ali onde mais me faltou um propósito *político* foi exatamente quando escrevi livros insípidos, me enganando com passagens floreadas, frases sem significado, adjetivos meramente decorativos, enfim, todo tipo de embuste.

A PREVENÇÃO DA LITERATURA

Há cerca de um ano, fui a um evento do PEN Clube comemorando o tricentenário de *Areopagítica*, de Milton, uma pequena obra, devemos lembrar, em defesa da liberdade de imprensa. A famosa frase de Milton sobre o pecado de "matar" um livro já constava do anúncio para o evento.

Quatro oradores estavam na programação. O primeiro fez um discurso tratando da liberdade de imprensa, mas apenas com relação à Índia. O segundo, de forma hesitante e em termos muito gerais, disse que a liberdade é uma coisa boa. O terceiro atacou as leis que controlam o teor de obscenidade na literatura e o quarto usou a maior parte do seu discurso para defender os expurgos soviéticos. Passada a palavra ao público, algumas pessoas voltaram à questão da obscenidade e às leis que tratam disso, e outras apenas elogiaram a Rússia comunista. A liberdade moral — a liberdade para discutir as questões sexuais francamente na imprensa — parecia ter a aprovação de todos, mas a liberdade política não foi mencionada. Entre as várias centenas de pessoas presentes, das quais talvez a metade estivesse diretamente ligada à profissão de escrever, não houve quem dissesse que a liberdade de imprensa, se é que isso significa alguma coisa, significa liberdade de criticar e de se opor. Estranhamente, nenhum orador citou o texto que estava sendo comemorado. Nem houve qualquer menção aos muitos livros que foram "mortos" na Inglaterra e nos Estados Unidos durante a guerra. Na prática, o evento foi uma demonstração a favor da censura.[1]

Nada vi de tão surpreendente nisso. Nos dias de hoje, a ideia de liberdade intelectual recebe ataques vindos de duas frentes. De um lado estão seus inimigos teóricos, os apologistas do totalitarismo, e do outro seus inimigos imediatos e atuantes na prática, o monopólio e a burocracia. Qualquer escritor ou jornalista que deseje manter sua integridade se sente prejudicado pela mudança geral da sociedade, e não por uma perseguição ativa. Há todo tipo de obstáculo contra ele: a concentração da imprensa nas mãos de alguns homens ricos, o monopólio do rádio e do cinema, a relutância do público em gastar dinheiro com livros (o que faz com que quase todo escritor tire parte do seu sustento trabalhando por encomenda), a usurpação de órgãos oficiais como o Ministério da Informação e o British Council (que ajudam o escritor a se manter

---

[1] É justo lembrar que os eventos do PEN Clube duravam uma semana ou mais, e nem sempre tinham o mesmo nível. Infelizmente fui num dia ruim. Mas uma análise das palestras (editadas sob o título *Liberdade de expressão*) mostra que quase ninguém hoje em dia é capaz de falar tão abertamente quanto Milton há trezentos anos a favor da liberdade intelectual — e isso apesar de Milton estar escrevendo durante um período de guerra civil. (N.A.)

vivo, mas o fazem também perder tempo, além de ditar suas opiniões) e, ainda, o prolongado ambiente da guerra nos dez últimos anos, cujos efeitos infelizes não poupam ninguém. Tudo, hoje em dia, conspira para transformar o escritor — e também qualquer outro tipo de artista — num funcionário menor, trabalhando em temas impostos pelas hierarquias superiores e nunca podendo dizer o que lhe parece ser a verdade integral. Ao lutar contra isso, ele não tem apoio nem do seu próprio lado; quer dizer, não há um grupo coeso de pessoas com opiniões consistentes que lhe assegure estar certo. No passado, pelo menos durante os séculos protestantes, a ideia de rebeldia e a ideia de integridade intelectual estavam misturadas. Quem se recusasse a ofender a sua própria consciência política, moral, religiosa ou estética era considerado herege. Tal postura foi assim resumida no hino revivalista:

> Ouse ser um Daniel,
> Ouse ficar sozinho,
> Ouse ter um firme propósito,
> Ouse tornar isso público.

Para atualizar esse hino, seria preciso acrescentar um "não" no início de cada verso, pois é uma particularidade da nossa época que os rebeldes contra a ordem vigente, pelo menos a maioria e os mais característicos deles, também se rebelem contra a ideia de integridade individual. "Ousar ficar sozinho" é ideologicamente criminoso, além de, na prática, ser perigoso. A independência do escritor e do artista é corroída por vagas forças econômicas e, ao mesmo tempo, torpedeada por aqueles que deveriam ser seus defensores. É essa última tendência que me preocupa.

A liberdade de pensamento e de imprensa costuma ser atacada por argumentos com os quais não precisamos nos preocupar. Qualquer pessoa que tenha experiência em palestras e debates os conhece de trás pra frente. Não estou tentando lidar com a afirmação familiar de que a liberdade é uma ilusão, ou com essa outra que diz haver mais liberdade nos países totalitários do que nos democráticos. Refiro-me à proposição muito mais sustentável e perigosa, de que a liberdade é indesejável e a honestidade intelectual é uma forma de egoísmo antissocial. Embora outros aspectos da questão frequentemente estejam em primeiro plano, a controvérsia sobre a liberdade de expressão e de imprensa é, no fundo, sobre a conveniência ou não de dizer mentiras. O que está realmente em questão é o direito de relatar acontecimentos contemporâneos com veracidade ou o mais verdadeiramente possível em relação à ignorância, ao ponto de vista e à autoilusão típicos de qualquer pessoa. Dizendo isso, posso parecer estar insinuando que a "reportagem" direta é o único ramo da literatura que importa, mas tentarei mostrar mais adiante que para todos os níveis literários, e provavelmente para todas as artes, a mesma questão se impõe, sob formas mais ou menos sutis. Assim sendo, é preciso descartar as irrelevâncias que costumam envolver essa polêmica.

Os inimigos da liberdade intelectual sempre tentam apresentar seu argumento como um apelo por disciplina *versus* individualismo. Deixam assim, tanto quanto possível, a questão de verdade *versus* inverdade em segundo plano. Embora possa variar a ênfase com que isso é feito, o escritor que se recusa a vender suas opiniões é sempre rotulado de simples egoísta. É acusado de se fechar numa torre de marfim, de fazer exibição da própria personalidade ou ainda de estar resistindo ao inevitável curso da história, por querer se agarrar a privilégios injustificados. Católicos e comunistas se assemelham num ponto, o de não aceitar que oponentes sejam honestos e inteligentes. Os dois tacitamente afirmam que "a verdade" já foi revelada e que o herege, se não for simplesmente um tolo, está secretamente ciente da "verdade" e resiste por motivos egoístas. Nos textos comunistas, o ataque à liberdade intelectual geralmente se disfarça na oratória contra o "individualismo pequeno-burguês", "as ilusões do liberalismo do século XIX" etc., acrescentando-se ainda o uso abusivo de palavras como "romântico" e "sentimental", que, não tendo um significado bem estabelecido, são difíceis de responder. Com isso, a controvérsia é manobrada para longe da questão real. Pode-se aceitar — e a maioria das pessoas esclarecidas aceita — a tese comunista de que a liberdade pura só poderá existir numa sociedade sem classes e que a pessoa se aproxima da liberdade quando trabalha para criar tal sociedade. Por trás disso, contudo, está a afirmação bastante infundada de que o Partido Comunista visa ao estabelecimento da sociedade sem classes, e que na União Soviética esse objetivo está realmente em vias de se realizar. Se for permitido à primeira reivindicação englobar a segunda, praticamente deixa de haver qualquer ataque ao bom senso e à decência comum que não possa ser justificado. Enquanto isso, tira-se o foco do ponto principal. Liberdade intelectual significa liberdade de dizer o que se viu, ouviu e sentiu, sem a obrigação de fabricar fatos e sentimentos imaginários. As conhecidas tiradas contra o "escapismo", o "individualismo", o "romantismo" e assim por diante são simples artifícios forenses, que procuram fazer a perversão da história parecer respeitável.

Há quinze anos, quem defendia a liberdade intelectual se punha contra os conservadores, os católicos e, até certo ponto, pois eles não tinham tanto peso na Inglaterra, os fascistas. Hoje é preciso defendê-la contra os comunistas e seus simpatizantes. Não se deve exagerar a influência direta do pequeno Partido Comunista inglês, mas não há dúvida quanto ao efeito venenoso, sobre a vida intelectual inglesa, dos mitos russos. Em consequência disso, fatos conhecidos são suprimidos e distorcidos a ponto de tornar duvidosa a possibilidade de se escrever uma verdadeira história dos nossos tempos. Permitam-me citar ao menos um exemplo, das centenas que podem ser citados. Quando a Alemanha entrou em colapso, descobriu-se que uma grande quantidade de russos soviéticos — a maioria, sem dúvida, por motivos não políticos — mudou de lado e passou a lutar pelos alemães. Além disso, uma pequena mas não insignificante parte dos prisioneiros russos e de pessoas que tinham sido deslocadas se recusou a voltar para a URSS e pelo menos alguns foram repatriados à força. Esses fatos, conhecidos por muitos jornalistas *in loco*, não foram mencionados na imprensa britânica, enquanto, ao mesmo tempo, os propagandistas russófilos na Inglaterra continuavam a justificar os expurgos e as deportações de 1936-38, alegando que a URSS "não tinha traidores". A bruma de mentiras e de desinformação que envolve assuntos como a fome na Ucrânia, a guerra civil espanhola, a política russa na Polônia e assim por diante não se deve inteiramente a uma desonestidade consciente, mas ao fato de que qualquer escritor ou jornalista que seja decididamente simpático à URSS — simpático à maneira que os próprios russos esperam dele — tem que concordar com adulterações deliberadas em questões importantes. Tenho à minha frente um panfleto, provavelmente muito raro, escrito por Maxim Litvinov em 1918, descrevendo os eventos recentes da Revolução Russa. Não menciona Stalin, mas elogia muito Trotsky e também Zinoviev, Kamenev e outros. Qual pode ser a atitude de um comunista, até dos comunistas mais escrupulosos intelectualmente, com relação a esse panfleto? Na melhor das hipóteses, assumirá a atitude obscurantista de dizer que se trata de um documento indesejável, sendo melhor eliminá-lo. Se por alguma razão ele decidisse, no entanto, publicá-lo numa versão distorcida, denegrindo Trotsky e acrescentando referências a Stalin, nenhum comunista ainda fiel ao Partido protestaria. Adulterações quase tão grosseiras quanto essa foram cometidas nos últimos anos. Mas o mais significativo não é que elas aconteçam e sim que, quando se tornam conhecidas, não provocam uma reação da intelectualidade de esquerda como um todo.

O argumento de que dizer a verdade seria "inoportuno" naquele momento ou "faria o jogo" de alguém é considerado irrefutável, e poucas pessoas se incomodam com a perspectiva de que mentiras assim, facilmente perdoadas, passem dos jornais para os livros de história.

A mentira organizada, comumente praticada por Estados totalitários, não é, como às vezes se afirma, um expediente temporário da mesma natureza que um erro militar. Ela faz parte do totalitarismo, algo que continuaria mesmo que os campos de concentração e as forças policiais secretas deixassem de ser necessários. Entre comunistas inteligentes, existe uma lenda clandestina que diz que, embora o governo russo seja obrigado agora a lidar com propaganda mentirosa, processos forjados e coisas desse tipo, os fatos estão sendo secretamente registrados e serão publicados no futuro. Acho que podemos ter certeza de que isso não é o que acontece, pois a mentalidade implícita por trás dessa atitude é a de historiadores liberais que acreditam não ser possível alterar o passado, sendo o conhecimento correto da história o que importa. Do ponto de vista totalitário, porém, a história é algo a ser criado, não aprendido. Um Estado totalitário na verdade é uma teocracia, e a casta governante, para manter sua posição, deve ser vista como infalível. Como, na prática, ninguém é infalível, frequentemente é necessário reorganizar os acontecimentos passados para mostrar que certos erros não foram cometidos e registrar, como tendo realmente acontecido, triunfos imaginários. Com isso, toda mudança importante na política exige mudanças correspondentes na doutrina e a revelação de figuras históricas proeminentes. Esse tipo de coisa acontece em todo lugar, mas essa adulteração total dos fatos é certamente mais possível em sociedades onde apenas uma opinião é permitida em determinado momento. O totalitarismo realmente exige a alteração contínua do passado e, em longo prazo, a descrença na existência de uma verdade objetiva. O argumento dos amigos do totalitarismo, aqui na Inglaterra, em geral é que, não sendo possível ter a verdade absoluta, uma grande mentira não é pior do que uma pequena mentira. Sublinha-se também que todos os registros históricos são tendenciosos e imprecisos, e que, aliás, a física moderna provou ser uma ilusão o que nos parece ser o mundo real; assim sendo, acreditar na evidência dos próprios sentidos não passa de um vulgar filistinismo. Uma sociedade totalitária que conseguisse se perpetuar provavelmente estabeleceria um sistema esquizofrênico de pensamento, com as leis do senso comum sendo válidas na vida cotidiana e em certas ciências exatas, mas podendo ser desconsideradas pelo político, pelo historiador e pelo sociólogo. Muita gente que consideraria escandaloso adulterar um livro científico nada veria de errado em adulterar um fato histórico. É no ponto em que a literatura e a política se cruzam que o totalitarismo exerce sua maior pressão sobre o intelectual. As ciências exatas não estão ainda ameaçadas da mesma forma. Isso em parte explica por que, em todos os países, é mais fácil para os cientistas do que para os escritores o alinhamento com os seus respectivos governos.

Para manter o assunto em aberto, permitam-me repetir o que disse no início deste ensaio: na Inglaterra, os inimigos imediatos da verdade e, com isso, da liberdade de pensamento, são os donos da imprensa, os magnatas do cinema e os burocratas; mas, em longo prazo, o enfraquecimento da vontade de liberdade, por parte dos próprios intelectuais, é o sintoma mais grave de tudo isso. Pode parecer que durante todo esse tempo estive falando dos efeitos da censura, não na literatura como um todo, mas apenas num setor do jornalismo político. Admitindo que a Rússia soviética seja uma espécie de área proibida para a imprensa britânica, aceitando que questões como a Polônia, a guerra civil espanhola, o pacto russo-alemão e assim por diante sejam excluídas de qualquer discussão mais séria, se alguém tiver informações que entrem em conflito com a ortodoxia prevalecente, espera-se que essa pessoa as distorça ou se mantenha quieta; mesmo admitindo tudo isso, em que a literatura, no sentido mais amplo, seria afetada? Todo escritor é um político e todo livro é necessariamente uma "reportagem" direta? Mesmo sob a mais rígida ditadura, não pode o escritor, individualmente, permanecer livre em seu interior e destilar ou disfarçar suas ideias não conformes à ortodoxia de tal maneira que as autoridades sejam estúpidas o bastante para não perceberem? Além disso, e se o escritor de um jeito ou de outro estiver de acordo com a ortodoxia prevalecente, por que isso teria um efeito restritivo para ele? Não está a literatura — ou qualquer das demais artes — mais propensa a florescer em sociedades em que não há grandes conflitos de opinião e nenhuma distinção nítida entre o artista e seu público? Será mesmo preciso partir do princípio de que todo escritor é um rebelde, ou que um escritor é uma pessoa excepcional?

De uma forma ou de outra, sempre que alguém tenta defender a liberdade intelectual contra as reivindicações do totalitarismo encontra esses argumentos. Eles têm como base um completo mal-entendido sobre o que é a literatura e como — talvez fosse melhor dizer por que — ela passa a existir. Partem do princípio de que o escritor é um mero criador de entretenimento ou um autor medíocre e vendido que pode passar de uma linha de propaganda para outra com a mesma facilidade com que um tocador de realejo muda de música. Mas afinal, como os livros são escritos? Acima de tudo, a literatura é uma tentativa de influenciar o ponto vista dos seus contemporâneos pelo registro de uma experiência. Nesse caso, no que diz respeito à liberdade de expressão, não há muita diferença entre um simples jornalista e o mais "apolítico" dos escritores criativos. O jornalista não é livre e tem consciência da falta de liberdade quando é forçado a escrever mentiras ou suprimir o que lhe parece uma notícia importante; o escritor criativo não é livre quando tem que falsear seus sentimentos subjetivos que, no seu ponto de vista, são fatos. Ele pode distorcer e caricaturar a realidade para tornar seu sentido mais claro, mas não pode deturpar a sua própria percepção; não poderá dizer, de forma minimamente convincente, gostar do que não gosta ou acreditar no que não acredita. Se for forçado a fazer isso, o resultado é que suas faculdades criativas se esgotarão. Ele também não pode resolver o problema mantendo-se afastado dos assuntos polêmicos. Não existe literatura genuinamente apolítica, muito menos numa época como a nossa, quando medos, ódios e lealdades bastante ligados à política estão na superfície da consciência coletiva. Até o menor tabu pode ter um efeito mutilador generalizado sobre a mente, pois há sempre o perigo de que qualquer pensamento livremente seguido possa levar àquele que é proibido. Por isso o ambiente do totalitarismo é mortal para qualquer tipo de escritor de prosa, embora um poeta, sobretudo um poeta lírico, possa achá-lo respirável. Em qualquer sociedade totalitária que sobreviva por mais de duas gerações, é provável que a literatura em prosa, do tipo dessa que existe nos últimos quatro séculos, chegue ao fim.

A literatura eventualmente floresceu sob regimes despóticos, mas, como foi muitas vezes assinalado, os despotismos do passado não eram totalitários. Seu aparato repressivo se mostrava ineficiente, as classes dominantes eram geralmente corruptas, apáticas, ou semiliberais em suas perspectivas. Além disso, as doutrinas religiosas predominantes eram contra as noções de perfeccionismo e de infalibilidade humana. Mesmo assim, é amplamente reconhecido que a literatura em prosa atingiu seus níveis mais altos em períodos de democracia e de livre especulação. O que há de novo no totalitarismo é que suas doutrinas, além de não aceitarem contestações, são instáveis. Devem ser aceitas sob pena de danação, mas, por outro lado, podem ser mudadas a qualquer momento. Considerem, por exemplo, as diversas atitudes, completamente incompatíveis umas com as outras, que um comunista ou simpatizante inglês teve de adotar em relação à guerra entre a Grã-Bretanha e a Alemanha. Nos anos anteriores a setembro de 1939, esperava-se que ele se preocupasse o tempo todo com "os horrores do nazismo" e transformasse tudo o que escrevia em denúncia contra Hitler. A partir daquela data, por vinte meses ele teve que considerar a Alemanha mais vítima do que culpada, e a palavra "nazista", pelo menos em publicações, sumiu do seu vocabulário. Ao ouvir o noticiário das oito horas da manhã de 22 de junho de 1941, ele teve que imediatamente voltar a ver o nazismo como o mal mais terrível que já afligira o mundo. Para o político é fácil lidar com mudanças assim, mas para um escritor é bem diferente. Se ele quiser mudar sua lealdade no momento certo, precisará mentir sobre seus sentimentos subjetivos ou então suprimi-los por completo. De um jeito ou de outro, estará destruindo o que o move. Não só as ideias passarão a boicotá-lo, mas as próprias palavras que ele usa lhe escaparão. A escrita política de nossa época se resume quase inteiramente a frases pré-fabricadas, juntadas como as peças de um jogo infantil. É o resultado inevitável da autocensura. Para escrever de forma simples e vigorosa, é preciso pensar sem medo e, se pensarmos sem medo, não podemos ser politicamente ortodoxos. É bem provável que fosse diferente numa "época de fé", quando a ortodoxia predominante já estava há muito tempo estabelecida e não era levada tão a sério. Naquela época seria possível, ou poderia ser possível, que grandes áreas do pensamento humano não fossem afetadas por aquilo em que oficialmente se acreditava. Mesmo assim, é importante notar que a literatura em prosa quase desapareceu durante a única época de fé que imperou na Europa. Durante toda a Idade Média quase não havia literatura em prosa criativa e muito pouco na forma de escrita histórica; e os líderes intelectuais da sociedade expressavam seus pensamentos mais sérios numa língua morta que quase não se alterou ao longo de mil anos.

Já o totalitarismo não promete uma era de fé e sim uma era de esquizofrenia. Uma sociedade se torna totalitária quando sua estrutura é flagrantemente artificial; isto é, quando sua classe dominante perde sua função, mas consegue se agarrar ao poder pela força ou pela fraude. Tal sociedade, não importa quanto tempo dure, nunca pode se dar ao luxo da tolerância ou de ser intelectualmente estável. Nunca pode permitir o registro verdadeiro dos fatos nem a sinceridade emocional que a criação literária exige. Mas para que o totalitarismo nos corrompa, não é necessário viver num país totalitário. A mera prevalência de certas ideias pode disseminar uma espécie de veneno que torna os temas sucessivamente impossíveis para fins literários. Onde quer que haja uma ortodoxia forçada — ou mesmo duas ortodoxias, como muitas vezes acontece —, a boa escrita cessa. Isso ficou muito claro durante a guerra civil espanhola. Para muitos intelectuais ingleses, a guerra foi uma experiência muito forte emocionalmente, mas não uma experiência sobre a qual eles pudessem escrever com sinceridade. Apenas duas coisas podiam ser ditas, ambas claramente mentirosas; e o resultado foi que a guerra produziu toneladas de publicações, mas quase nada que valesse a pena ler.

Nada indica que os efeitos do totalitarismo sejam tão mortais para o verso quanto para a prosa. Há toda uma série de razões fazendo com que seja mais fácil para o poeta do que para o escritor de prosa se sentir minimamente à vontade numa sociedade autoritária. Em primeiro lugar, os burocratas e outros homens "práticos" em geral menosprezam tanto o poeta que não se interessam pelo que ele diz. Em segundo, o que o poeta diz — isto é, o que o seu poema "significa", se traduzido em prosa — é relativamente sem importância, até para ele próprio. O pensamento contido num poema é sempre simples e não chega a ser o seu objetivo principal, assim como os temas não representam o objetivo principal de um quadro. Um poema é um arranjo de sons e de associações, assim como a pintura é um arranjo de pinceladas. Na verdade, em pequenas trovas, como no refrão de uma canção, a poesia pode até totalmente dispensar o sentido. Por isso, é bastante fácil para um poeta evitar assuntos perigosos e heresias; e mesmo que as cometa, elas podem passar despercebidas. Acrescente-se que, acima de tudo, o bom verso, ao contrário da boa prosa, não é necessariamente um produto individual. Certo tipo de poema, a exemplo das baladas ou de formas muito artificiais de versos, pode ser composto cooperativamente por grupos de pessoas.

Não se sabe ao certo se as antigas baladas inglesas e escocesas foram originalmente criadas por indivíduos ou pelo povo em geral, mas, de qualquer maneira, elas são não individuais já que mudam constantemente ao passar de boca em boca. Mesmo em suas versões impressas, essas baladas nunca são exatamente iguais. Muitos povos primitivos compõem versos comunitariamente. Alguém começa a improvisar, provavelmente utilizando um instrumento musical, outra pessoa acrescenta uma linha ou rima quando a primeira hesita e o processo continua até que se complete uma canção ou balada inteira, sem um autor identificável.

Em prosa, esse tipo de parceria é totalmente impossível. A prosa séria, em todo caso, deve ser composta na solidão, ao passo que o estímulo de fazer parte de um grupo até ajuda certos tipos de versificação. O verso — e talvez o bom verso, embora não exatamente da mais alta qualidade — pode sobreviver até mesmo sob o mais inquisitorial dos regimes. Inclusive numa sociedade em que a liberdade e a individualidade foram extintas, ainda haveria necessidade de canções patrióticas e de baladas heroicas celebrando vitórias, ou ainda de exercícios mais elaborados de adulação; são tipos de poemas que podem ser escritos por encomenda ou compostos coletivamente, sem que necessariamente lhes falte valor artístico. Não é como acontecem as coisas na prosa, já que o escritor não pode estreitar o campo do seu pensamento sem matar a criatividade. A história das sociedades totalitárias, ou de grupos que adotaram a perspectiva totalitária, sugere que a perda da liberdade é, ainda assim, inimiga de todas as formas de literatura. A literatura alemã quase desapareceu durante o regime de Hitler e a situação na Itália não era muito melhor. A literatura russa, tanto quanto se pode julgar pelas traduções, deteriorou-se acentuadamente desde os primeiros dias da Revolução, e os versos parecem melhores que a prosa. Pouquíssimos romances russos que possam ser levados a sério foram traduzidos nos últimos quinze anos. Na Europa Ocidental e nos Estados Unidos, boa parte da intelectualidade se filiou ao Partido Comunista ou se mostrou claramente simpática a ele e, no entanto, todo esse movimento à esquerda produziu pouquíssimos livros que valham a pena ler. O catolicismo ortodoxo, insisto, parece ter pesado de forma esmagadora sobre algumas artes e particularmente sobre o romance. Por um período de trezentos anos, quantas pessoas foram ao mesmo tempo bons romancistas e bons católicos? Fato é que certos temas não podem ser celebrados com palavras, e a tirania é um deles. Ninguém jamais escreveu um bom livro a favor da Inquisição. A poesia pode sobreviver numa época totalitária, e certas artes ou meias-artes, como a arquitetura, podem até tirar proveito da tirania, mas o escritor de prosa não tem escolha, é o silêncio ou a morte. A literatura em prosa, tal como conhecemos, é um produto do racionalismo dos séculos protestantes, do indivíduo autônomo. A destruição da liberdade paralisa o jornalista, o escritor sociológico, o historiador, o romancista, o crítico e o poeta, nessa ordem. No futuro, é possível que possa surgir um novo tipo de literatura, que não envolva sentimento individual ou observação verdadeira, mas isso não é imaginável no momento. Parece muito mais provável que, se a cultura liberal em que vivemos desde a Renascença chegar ao fim, a arte literária morrerá com ela.

É claro que a impressão continuará a ser usada, e é interessante especular sobre que tipo de material de leitura sobreviveria numa sociedade rigidamente totalitária. Os jornais certamente continuarão até que a técnica da televisão se aprimore, mas desde já é duvidoso que a grande massa da população em países industrializados sinta necessidade de qualquer tipo de leitura, além dos jornais. De qualquer forma, ela não se dispõe a gastar com livros o tempo que gasta em várias outras recreações. É provável que romances e contos sejam completamente substituídos por produções do cinema e do rádio. Talvez algum tipo de ficção sensacionalista de baixo nível sobreviva, produzida numa espécie de processo industrial que reduza a iniciativa humana ao mínimo.

Não será surpreendente se a engenhosidade humana vier a escrever livros por meio de máquinas, mas uma espécie de processo de mecanização já pode ser visto no cinema e no rádio, na publicidade e nas camadas mais baixas do jornalismo. Os filmes da Disney, por exemplo, são produzidos pelo que é essencialmente um processo de fábrica, sendo o trabalho em parte feito mecanicamente e em parte por equipes de artistas que submetem seu estilo individual à produção. Os programas de rádio são em geral escritos por escrevinhadores cansados, previamente instruídos sobre o assunto e como tratá-lo; e, mesmo assim, o que escrevem passa ainda por produtores e censores, que dão a forma final. O mesmo ocorre com os inúmeros livros e folhetos encomendados por departamentos governamentais. Mais semelhante ainda a uma máquina é a produção de contos, folhetins e poemas para revistas muito baratas. Jornais como *The Writer* estão repletos de anúncios de escolas literárias, todas oferecendo tramas já prontas por alguns centavos. Algumas, além da trama, oferecem ainda frases de abertura e de encerramento para cada capítulo. Outras fornecem uma espécie de fórmula algébrica para que você construa seus próprios enredos. Outras propõem pacotes de cartas marcadas com personagens e situações, precisando apenas ser embaralhadas e distribuídas, e a partir disso produzirem automaticamente histórias engenhosas. Seria provavelmente desse tipo a literatura de uma sociedade totalitária, caso fosse ainda considerada necessária. A imaginação e até mesmo a consciência seriam eliminadas do processo de escrita. Os livros, em suas linhas gerais, seriam planejados por burocratas e passariam por tantas mãos que, uma vez terminados, teriam tão pouco de um produto individual quanto um automóvel Ford no final da linha de montagem. Nem é preciso dizer que qualquer livro produzido assim seria um lixo, pois um que não fosse um lixo colocaria em risco a estrutura do Estado. No referente à literatura sobrevivente do passado, ela teria que ser eliminada ou pelo menos reescrita de forma elaborada.

Por enquanto, o totalitarismo ainda não triunfou plenamente em lugar algum. Em termos gerais, nossa sociedade ainda é liberal. Para que se exerça o direito à liberdade de expressão, é preciso lutar contra pressões econômicas e fortes setores da opinião pública, mas não ainda contra uma polícia secreta. Pode-se dizer ou imprimir praticamente qualquer coisa, contanto que seja de forma clandestina. Mas o terrível, como eu disse no início deste ensaio, é que os inimigos conscientes da liberdade são aqueles para quem ela mais deveria importar. O grande público não liga para isso, não quer que os hereges sejam perseguidos e também não se esforça pela sua defesa. Tem bom senso e, ao mesmo tempo, é estúpido demais para chegar a uma perspectiva totalitária. O ataque direto e consciente contra a decência intelectual vem dos próprios intelectuais.

É bem possível que, se a intelectualidade russófila não tivesse sucumbido a esse mito específico, teria sucumbido a outro, do mesmo tipo. Seja como for, o mito russo existe, e a corrupção que ele provoca cheira mal. Quando vemos pessoas com alto grau de instrução olharem com indiferença a opressão e a perseguição, podemos nos perguntar o que é pior, o cinismo ou a miopia. Muitos cientistas, por exemplo, são admiradores acríticos da URSS. Parecem pensar que a destruição da liberdade não tem tanta importância, desde que a sua própria linha de trabalho não seja afetada. A URSS é um país grande, em rápido desenvolvimento, com grande necessidade de trabalhadores científicos e por isso os trata generosamente. Se não abordarem assuntos perigosos como a psicologia, os cientistas gozam de muitos privilégios. Já os escritores são cruelmente perseguidos. É verdade que aqueles que se vendem, como Ilya Ehrenburg e Alexei Tolstói, ganham muito dinheiro ao se prostituírem, mas a única coisa que tem real valor para um escritor — a liberdade de expressão — é tirada deles. Pelo menos alguns dos cientistas ingleses que falam com tanto entusiasmo das oportunidades que têm os seus colegas na Rússia devem ser capazes de entender essa questão. Entretanto, eles parecem pensar: "Escritores são perseguidos na Rússia. E daí? Eu não sou escritor." Não percebem que qualquer ataque à liberdade intelectual e ao conceito de verdade objetiva ameaça, em longo prazo, todas as áreas do pensamento.

O Estado totalitário por enquanto tolera o cientista por precisar dele. Mesmo na Alemanha nazista, os cientistas, exceto os judeus, foram relativamente bem tratados, e a comunidade científica, como um todo, não ofereceu resistência a Hitler. Nesses períodos da história, até o dirigente mais autocrático é obrigado a levar em consideração a realidade física, em parte devido à persistência dos costumes do pensamento liberal, em parte pela necessidade de se preparar para a guerra. Enquanto a realidade física não for totalmente ignorada, enquanto dois mais dois continuarem a somar quatro no momento em que ele está, por exemplo, desenhando o projeto de um avião, o cientista mantém sua função e pode até gozar de certa liberdade. Só despertará mais tarde, quando o Estado totalitário estiver firmemente estabelecido. Enquanto isso, se ele quiser salvar a integridade da ciência, deve se preocupar em desenvolver algum tipo de solidariedade em relação aos seus colegas da literatura e não desprezar com indiferença o fato de que escritores estão sendo silenciados ou levados ao suicídio, assim como jornais estão sendo sistematicamente adulterados.

Independentemente de como se passem as coisas para as ciências físicas, a música, a pintura e a arquitetura, certo é que a literatura, como tentei mostrar, está condenada se a liberdade de pensamento acabar. Ela não só está condenada em qualquer país que adote uma estrutura totalitária, mas todo escritor que adotar uma visão totalitária, que encontrar desculpas para a perseguição e para a falsificação da realidade, se destruirá enquanto escritor. Não há como escapar disso. Nenhum comentário contra o "individualismo" ou contra a "torre de marfim", nenhum chavão compassivo do tipo "só se alcança a verdadeira individualidade por meio de uma identificação com a comunidade" pode alterar o fato de que uma mente comprada é uma mente corrompida. Sem espontaneidade, aqui e ali, a criação literária fica impossível, e a língua em si se torna algo totalmente diferente do que é agora, ou seja, devemos aprender a separar criação literária de honestidade intelectual. Por agora, sabemos apenas que a imaginação, como certos animais silvestres, não se reproduz em cativeiro. Qualquer escritor ou jornalista que negue esse fato — e quase todos os elogios atuais à União Soviética explicitam ou implicam isso — está, na verdade, pedindo sua própria destruição.

OS ESCRITORES E O LEVIATÃ

A situação do escritor numa época de controle do Estado é um assunto que já foi amplamente discutido, embora a maioria das evidências que podem ser relevantes ainda não estejam disponíveis. Não quero expressar aqui uma opinião a favor ou contra o apoio do Estado às artes, mas apenas mostrar que *o tipo* de Estado que nos governa deve, em parte, depender do ambiente intelectual prevalecente. Nesse contexto, isso engloba tanto a atitude dos próprios escritores e artistas quanto a disposição deles para manter vivo, ou não, o espírito liberal. Se dentro de dez anos ainda tivermos de bajular pessoas como Jdanov, será provavelmente porque merecemos. Já existem óbvias e fortes tendências ao totalitarismo atuando na intelectualidade literária inglesa, mas, nesse momento, não é com algum movimento organizado e consciente como o comunismo que estou preocupado e sim com o efeito do pensamento político em pessoas de boa vontade, bem como com a necessidade de se tomar partido politicamente.

Nossa época é política. Guerra, fascismo, campos de concentração, cassetetes de borracha, bombas atômicas etc. entram em nossos pensamentos cotidianos e, consequentemente, em grande parte do que escrevemos, mesmo quando não usamos essas palavras especificamente. É inevitável. Se você estiver num navio afundando, seus pensamentos serão sobre navios que estão afundando. Não somente nossos assuntos são limitados por isso, como também toda nossa atitude em relação à literatura é afetada por lealdades que, pelo menos intermitentemente, percebemos serem extraliterárias. Muitas vezes tenho a sensação de que, mesmo em seus melhores momentos, a crítica literária é fraudulenta, visto que, à falta de padrões aceitos — qualquer referência *externa* que possa dar sentido à afirmação de que tal ou tal livro é "bom" ou "ruim" —, o julgamento literário consiste em forjar um conjunto de regras para justificar uma preferência instintiva. A verdadeira reação de alguém a um livro, quando esse alguém reage, é em geral "gostei" ou "não gostei", sendo o que vem depois uma racionalização. Mas "gostei desse livro" não é, tenho impressão, uma reação não literária; a reação não literária é "esse livro está do mesmo lado que eu, então devo descobrir os seus méritos". Claro, quando alguém elogia um livro por razões políticas, pode estar sendo emocionalmente sincero, no sentido de que realmente o aprova, porém, ao mesmo tempo, o que frequentemente acontece é que a solidariedade a um partido exige uma mentira franca. Qualquer pessoa acostumada a escrever resenhas de livros para periódicos políticos está bem ciente disso. Em geral, se você escreve para um jornal com o qual se sente de acordo, você peca por encomenda; e, se escreve para um jornal com o qual se sente em desacordo, peca por omissão. De um jeito ou de outro, muitos livros controversos — livros a favor ou contra a Rússia soviética, a favor ou contra o sionismo, a favor ou contra a Igreja Católica etc. — são julgados antes de serem lidos e, a rigor, antes de serem escritos. Sabe-se antecipadamente qual repercussão eles terão em tais e tais jornais. No entanto, com uma desonestidade que às vezes nem é consciente, mantém-se a pretensão de que padrões genuinamente literários estão sendo aplicados.

É claro, a invasão da literatura pela política estava prestes a acontecer, mesmo que a questão do totalitarismo em particular não tivesse surgido, afinal, a nossa geração desenvolveu uma espécie de remorso que nossos avós não tinham, uma consciência exacerbada com relação à injustiça e à miséria no mundo, um sentimento de culpa que nos obriga a fazer algo e torna impossível uma atitude puramente estética diante da vida. Ninguém, hoje em dia, poderia se dedicar à literatura de forma tão obstinada quanto Joyce ou Henry James. Mas, infelizmente, aceitar a responsabilidade política agora significa se render a ortodoxias e a normas partidárias, com todo o constrangimento e a desonestidade que isso implica. Comparados aos escritores vitorianos, temos a desvantagem de viver entre ideologias políticas bem definidas e de geralmente sabermos à primeira vista quais pensamentos discordam delas. Hoje, um intelectual da literatura vive e escreve sob um constante temor — não, na verdade, da opinião pública num sentido mais amplo, mas da opinião pública dentro do seu próprio grupo. Felizmente há mais de um grupo, mas também, em qualquer época, existe uma ortodoxia dominante contra a qual se posicionar, o que exige pele calejada e às vezes significa reduzir nossos rendimentos pela metade por muitos anos. Nos últimos quinze anos, a "esquerda" se tornou obviamente a ortodoxia dominante, sobretudo entre os jovens. As palavras-chave são "progressista", "democrático" e "revolucionário", enquanto os rótulos que devemos a todo custo evitar que preguem em nós são "burguês", "reacionário" e "fascista". Quase todo mundo hoje em dia, mesmo entre os católicos e os conservadores, é "progressista", ou pelo menos quer ser visto assim. Que eu saiba, ninguém se descreve como "burguês", assim como ninguém suficientemente informado, a ponto de já ter ouvido essa palavra, admite ser antissemita. Todos somos bons democratas, antifascistas, anti-imperialistas, contrários às distinções de classe, distantes dos preconceitos de cor e assim por diante. Nem há muita dúvida quanto à ortodoxia de "esquerda" de hoje ser considerada melhor do que aquela ortodoxia conservadora, um tanto esnobe e caricatural, que prevaleceu até vinte anos atrás, quando o *Criterion* e (num nível inferior) o *London Mercury* eram as revistas literárias dominantes. Pelo menos, seu objetivo implícito é uma forma viável de sociedade que um grande número de pessoas realmente deseja. Contudo, ela tem também suas falácias próprias que, por não serem admitidas, tornam impossível que certas questões sejam discutidas seriamente.

Toda a ideologia de esquerda, científica e utópica, foi desenvolvida por pessoas que não tinham perspectivas imediatas de chegarem ao poder. Por isso, era uma ideologia extremista, capaz de desdenhar de reis, governos, leis, prisões, forças policiais, exércitos, bandeiras, fronteiras, bem como do patriotismo, da religião, da moralidade convencional, ou seja, do esquema geral das coisas. Bem antes do que as pessoas ainda vivas são capazes de lembrar, as forças de esquerda em todos os países lutavam contra uma tirania que parecia invencível e era fácil pensar que, se *aquela* tirania em particular, o capitalismo, pudesse ser derrubada, o socialismo logo emergiria. Além disso, a esquerda herdou do liberalismo certas crenças claramente questionáveis, como a de que a verdade prevalecerá e a perseguição será derrotada, ou a de que o homem é naturalmente bom, mas corrompido por seu ambiente. Essa ideologia perfeccionista persistiu em quase todos nós e é em nome dela que protestamos quando (por exemplo) um governo trabalhista vota enormes receitas para as filhas do rei ou hesita em nacionalizar o aço. Mas também guardamos em nossa mente toda uma série de contradições não admitidas, como resultado de sucessivos choques de realidade.

O primeiro grande impacto foi a Revolução Russa. Por razões um tanto complexas, quase toda a esquerda inglesa foi levada a aceitar o regime russo como "socialista", embora reconhecendo em voz baixa que o seu espírito e a sua prática eram bastante estranhos a tudo que se entendia como "socialismo" entre nós. A partir disso, surgiu uma maneira um tanto esquizofrênica de pensar, na qual palavras como "democracia" podiam ter dois significados incompatíveis entre si, e coisas como campos de concentração e deportação em massa podiam ser, ao mesmo tempo, aceitáveis ou não. O golpe seguinte contra a ideologia de esquerda foi a ascensão do fascismo, que abalou o pacifismo e o internacionalismo da esquerda, sem provocar uma reformulação definitiva da doutrina. A experiência da ocupação alemã ensinou aos povos europeus algo que os povos coloniais já sabiam, isto é, que o antagonismo entre as classes não é só o que importa e que existe uma coisa chamada interesse nacional. Depois de Hitler, ficou difícil sustentar seriamente que "o inimigo está em seu próprio país" e que a independência nacional não tem tanto valor. Mas embora todos saibamos disso e ajamos de acordo quando necessário, ainda achamos que dizer tais coisas em voz alta parece uma espécie de traição. E por último, a maior dificuldade de todas é o fato de que a esquerda agora está no poder, sendo, portanto, obrigada a assumir responsabilidades e a tomar as suas próprias decisões.

Os governos de esquerda quase sempre decepcionam quem os apoiou, porque, mesmo quando a prosperidade prometida é possível, sempre haverá um período incômodo de transição, do qual pouco se falou antes. Nesse momento, vemos nosso governo, em suas desesperantes dificuldades econômicas, lutando contra sua própria propaganda, feita no passado. A crise que atravessamos não é uma calamidade repentina nem inesperada como um terremoto, e não foi causada pela guerra, que somente a apressou. Há décadas podia-se prever que algo assim aconteceria. Desde o século XIX nossa renda nacional, dependente em parte dos juros dos investimentos estrangeiros, dos mercados garantidos e de matérias-primas baratas trazidas das colônias, era claramente precária. Mais cedo ou mais tarde algo correria mal e seríamos obrigados a fazer as exportações equilibrarem as importações: e quando isso acontecesse, o padrão de vida britânico, inclusive o da classe trabalhadora, estava fadado a cair, pelo menos temporariamente. Os partidos de esquerda, no entanto, mesmo quando eram veementemente anti-imperialistas, nunca deixaram isso claro. Podiam ocasionalmente admitir que os trabalhadores britânicos até certo ponto tinham se beneficiado da exploração da Ásia e da África, mas sempre faziam parecer que poderíamos abrir mão dessa exploração sem perder a prosperidade. Em grande parte, diga-se, os trabalhadores foram atraídos para o socialismo quando lhes disseram que eles próprios eram explorados, ao passo que, na verdade, no plano mundial, eram exploradores. Agora, tudo indica, chegou-se ao ponto em que o padrão de vida da classe trabalhadora *não* pode ser mantido e menos ainda aumentado. Mesmo que espremamos os ricos ao extremo, será preciso consumir menos ou produzir mais. Estou exagerando a dificuldade em que nos encontramos? É possível, e ficaria feliz em descobrir meu engano. Mas eis aonde quero chegar: essa questão não pode ser realmente discutida por pessoas fiéis à ideologia de esquerda. A redução dos salários e o aumento da jornada de trabalho são considerados medidas inerentemente antissocialistas e, assim sendo, devem ser, para começo de conversa, afastadas, seja qual for a situação econômica. Sugerir que isso precisa ser discutido serve apenas para receber aqueles rótulos que todos tememos. É bem mais seguro fugir da questão e fingir ser possível pôr tudo em ordem com uma melhor distribuição da renda nacional.

Aceitar uma ortodoxia significa sempre herdar contradições não resolvidas. Tomemos por exemplo o fato de que todas as pessoas sensíveis se revoltam contra o industrialismo e seus produtos, mas estão cientes de que as lutas contra a pobreza e pela emancipação da classe trabalhadora exigem, cada vez mais, industrialização. Ou levemos em consideração o fato de que certos trabalhos são necessários, mas só são feitos sob alguma forma de coerção. Ou consideremos o fato de que uma política externa positiva é impossível sem forças armadas poderosas. Podemos multiplicar os exemplos. Para todas essas questões há uma conclusão perfeitamente clara, mas que só pode se revelar às custas de alguma deslealdade em relação à ideologia oficial. A solução normal é empurrar a pergunta, sem resposta, para um canto do pensamento e, em seguida, continuar a repetir palavras de ordem contraditórias. Não é preciso pesquisar muito em jornais e revistas para descobrir os efeitos desse tipo de raciocínio.

Não estou sugerindo, é claro, que a desonestidade intelectual seja uma característica inerente aos socialistas ou aos esquerdistas em geral, ou que seja mais comum entre eles. O que digo, simplesmente, é que a aceitação de *qualquer* disciplina política parece ser incompatível com uma integridade literária. Isso se aplica também a movimentos como o pacifismo e o personalismo, que se dizem fora da luta política comum. Na verdade, até o som das palavras que terminam em "ismo" parece cheirar a propaganda. A lealdade ao grupo é necessária, ainda que seja nociva para a literatura, já que a literatura é um produto de indivíduos. Assim que se deixa que tenha uma influência qualquer, mesmo negativa, na escrita criativa, o resultado não é apenas uma sensação de falsificação, mas muitas vezes o esgotamento das faculdades criativas.

Então, fazer o quê? Concluir que é dever do escritor "ficar fora da política"? De forma alguma! Em todo caso, como já disse, pessoa pensante nenhuma pode, ou mesmo consegue, ficar fora da política numa época como a nossa. Sugiro apenas que é preciso, de uma forma mais nítida do que atualmente se faz, estabelecer uma distinção entre as lealdades política e literária, reconhecendo que a disposição para *fazer* certas coisas desagradáveis, mas necessárias, não implica qualquer obrigação de se engolirem as crenças que em geral vêm junto. Quando um escritor se engaja na política, deve fazer isso como cidadão, como ser humano, mas não como *escritor*. Não acho que ele tenha o direito, apenas devido à sua sensibilidade, de se esquivar do trabalho sujo que é próprio da política. Tanto quanto qualquer outra pessoa, ele deve estar pronto para fazer palestras em lugares pequenos com vento encanado, escrever palavras de ordem em áreas públicas, fazer propaganda de candidatos, distribuir panfletos e até lutar em guerras civis, se necessário. Pode fazer o que for para o seu partido, exceto escrever. Ele precisa deixar claro que escrever é algo à parte. Deve ser capaz de agir cooperativamente e, ao mesmo tempo, se assim quiser, poder rejeitar totalmente a ideologia oficial. Além disso, nunca deve dar as costas a uma linha de pensamento só porque isso poderia levá-lo a cometer uma heresia. Nem deve se importar muito se sua heterodoxia será farejada e descoberta, como provavelmente será. Talvez seja até um mau sinal, para um escritor, não ser suspeito por tendências reacionárias hoje, assim como era mau sinal, há vinte anos, não ser suspeito por simpatias comunistas.

Isso significa que um escritor não deve apenas se recusar a receber ordens de líderes políticos, mas que também deve se abster de escrever *sobre* política? Mais uma vez, de forma alguma! Não há razão para que ele não escreva da forma mais explicitamente política, se assim quiser. Mas que faça isso como indivíduo, como alguém de fora, no máximo como um guerrilheiro indesejável no flanco de um exército regular. É uma atitude perfeitamente compatível com a utilidade política comum. É razoável, por exemplo, estar disposto a lutar numa guerra por achar que essa guerra deve ser vencida e, ao mesmo tempo, recusar-se a escrever propaganda de guerra. Se um escritor for honesto, às vezes inclusive seus escritos e suas atividades políticas podem entrar em contradição. Há ocasiões em que isso é claramente indesejável: e nesse caso o remédio não é falsear seus impulsos, mas permanecer em silêncio.

Sugerir que um escritor criativo deva, num momento de conflito, dividir a sua vida em dois compartimentos pode parecer derrotista ou frívolo, mas, na prática, não vejo o que mais ele pode fazer. Trancar-se numa torre de marfim é impossível e indesejável. Ceder subjetivamente, não só à máquina partidária, mas até a uma ideologia de grupo, é destruir-se como escritor. O dilema parece doloroso pela visível necessidade de engajamento na política e, ao mesmo tempo, por nos darmos conta de se tratar de uma atividade suja e degradante. E na maioria de nós ainda persiste a crença de que toda escolha, mesmo na política, é entre o bem e o mal, e que, se algo é necessário, é também correto. Creio ser hora de nos livrarmos dessa crença, que vem do berço. Em política, tudo que se pode fazer é decidir qual dos dois males é o menor, havendo situações das quais só se escapa agindo como um demônio ou um lunático. A guerra, por exemplo, pode ser necessária, mas certamente não é correta nem saudável. Nem mesmo as eleições gerais chegam a ser um espetáculo agradável ou edificante. Se for preciso participar de tais coisas — e acho que é, ao menos para quem não estiver blindado pela velhice, pela estupidez ou pela hipocrisia —, é preciso também manter inviolada uma parte de si. Para a maioria das pessoas, o problema não se coloca assim porque suas vidas já são divididas. Sentem-se realmente vivas apenas nas horas de lazer e não há qualquer conexão emocional entre seu trabalho e suas atividades políticas. Em geral não lhes pedem, em nome de uma lealdade política, que aviltem seu trabalho. Ao artista, e sobretudo ao escritor, é exatamente o que pedem — na verdade, é a única coisa que os políticos lhe pedem. Se ele se negar, isso não significa estar se condenando à inatividade. Metade do seu ser, que em certo sentido é ele inteiro, pode agir resolutamente — e até violentamente — como qualquer pessoa. Mas seus escritos, na medida em que tenham algum valor, serão sempre produto daquela parte mais saudável que é deixada de lado. Essa parte registra as coisas feitas, admite sua necessidade, mas se recusa a se iludir quanto à sua verdadeira natureza.

A POESIA E O MICROFONE

Há cerca de um ano, eu e vários outros escritores participamos de programas literários a serem transmitidos para a Índia, citando, entre outras coisas, muitos versos de poetas ingleses contemporâneos ou quase contemporâneos — como Eliot, Herbert Read, Auden, Spender, Dylan Thomas, Henry Treece, Alex Comfort, Robert Bridges, Edmund Blunden e D. H. Lawrence. Sempre que possível, os poemas eram recitados por seus próprios autores. Não é preciso explicar aqui por que esses programas específicos (um pequeno e remoto movimento de apoio na guerra das rádios) foram criados, mas devo dizer que pretendiam alcançar o público indiano e isso, até certo ponto, orientou o nosso trabalho. O essencial era que aquelas transmissões literárias se dirigiam basicamente a estudantes universitários indianos, um público pequeno e hostil a qualquer coisa que pudesse ser vista como propaganda britânica. Não havia, desde o início, expectativa de mais do que alguns milhares de ouvintes e isso nos serviu de desculpa para sermos mais "intelectuais" do que em geral é possível ser no ar.

Se você está transmitindo poesia para pessoas que conhecem a sua língua mas não têm a sua formação cultural, certa quantidade de comentários e explicações é inevitável e, por isso, o formato que normalmente buscamos seguir era o de uma hipotética revista literária mensal, com sua equipe editorial num escritório, discutindo o que publicar no número seguinte. Um de nós sugeria um poema, outro sugeria mais um, havia uma breve discussão em torno disso e depois então o poema propriamente era lido, de preferência na voz do próprio autor. Esse poema naturalmente evocava outro e assim o programa continuava, com, em geral, pelo menos meio minuto de debate entre os dois poemas. Para um programa de meia hora, seis vozes pareciam ser o ideal. Um programa assim era inevitavelmente um tanto disforme, mas mantinha certa aparência de unidade se girasse em torno de um único tema central. Por exemplo, um número da nossa revista imaginária foi dedicado à guerra. Incluía dois poemas de Edmund Blunden; "Setembro de 1941", de Auden; trechos de um longo poema de G. G. Fraser ("Uma carta para Anne Ridler"); "Ilhas da Grécia", de Byron; e um trecho de *Revolta no deserto*, de T. E. Lawrence. Essa meia dúzia de textos, com as discussões que vinham antes e depois, cobriram bastante bem as possíveis atitudes diante da guerra. Os poemas e o trecho em prosa ocuparam cerca de vinte minutos do programa e nossas observações, oito.

A fórmula pode parecer um pouco ridícula e um tanto paternalista, mas tinha a vantagem de tornar o elemento meramente instrutivo, ou seja, a ideia principal do texto — o que é absolutamente inevitável na transmissão de versos sérios e eventualmente "difíceis" —, mais tolerável numa conversa informal. Os vários oradores podiam com isso exprimir, da forma mais explícita, o que estavam realmente querendo dizer ao público. Por meio dessa abordagem podíamos também contextualizar o poema, que é exatamente o que falta à poesia para o homem comum. Mas é claro que existem outros métodos. Um que usávamos com frequência era o de intercalar poemas e música. Anunciava-se que em alguns minutos determinado poema seria transmitido; então tocavam música por talvez um minuto e aí iam abaixando o som até entrar o poema, que se seguia sem título nem qualquer anúncio. Depois a música era novamente aumentada e tocava por outro minuto ou dois, com a coisa toda levando talvez uns cinco minutos. Era importante a escolha da música, e nem preciso dizer que o seu propósito era o de isolar o poema do resto do programa. Com esse método é possível, por exemplo, incluir um soneto de Shakespeare em meio aos três minutos de um boletim de notícias, sem, ao menos aos meus ouvidos, cortes grosseiros.

Esses programas a que me refiro não tinham grande valor por si só, mencionei-os mais pelas ideias que despertaram em mim e em alguns companheiros sobre as possibilidades do rádio como meio de se tornar mais popular a poesia. Fiquei surpreso em constatar que a transmissão de um poema pelo próprio autor não produz efeito apenas sobre o público, caso haja um, mas também sobre o poeta. É preciso lembrar que muito pouco foi feito na Inglaterra, em termos de difusão de poesia, e muitas pessoas que escrevem versos nunca consideraram a ideia de lê-los em voz alta. Ao ser colocado diante do microfone, especialmente se isso acontecer com alguma regularidade, o poeta descobre uma nova relação com a própria obra, algo inalcançável de outra forma na nossa época e no nosso país. Tornou-se um lugar-comum dizer que nos tempos modernos — digamos nos últimos duzentos anos — a poesia perdeu, cada vez mais, conexão com a música ou com a palavra falada. Ela precisa ser impressa para existir e não mais se espera que um poeta, no exercício do seu ofício, saiba cantar ou até mesmo declamar, como não se espera que um arquiteto saiba engessar um teto. A poesia lírica e retórica quase deixou de ser escrita e uma antipatia com relação à poesia, por parte do homem comum, passou a ser a norma em países onde todo mundo sabe ler. Quando uma brecha dessa existe, tende sempre a se alargar, e isso porque a ideia de poesia como algo basicamente impresso e dirigido a uma minoria estimula ainda mais sua obscuridade e "esperteza". Quantas pessoas quase instintivamente não desconfiam de qualquer poema cujo significado pode ser apreendido de imediato? Essa tendência certamente não diminuirá, a menos que volte a ser normal a leitura de versos em voz alta; e é difícil imaginar como isso pode ser feito, a não ser que se use o rádio como meio. Deve-se realçar ainda a vantagem específica do rádio, que pode selecionar o público certo e eliminar tanto o medo do palco quanto o constrangimento.

Na transmissão radiofônica, o público é conjectural, mas é um público de *uma pessoa*. Milhões de pessoas podem estar ouvindo, mas cada uma ouve sozinha ou num pequeno grupo, tendo todas (ou deveriam ter) a sensação de que o poema é dito para elas em particular. Indo mais além, é razoável supor que o seu público específico o ouça com simpatia, ou pelo menos com interesse, pois quem não estiver interessado precisa apenas girar um botão. Mas, embora presumivelmente complacente, o público não tem poder sobre quem fala, e é exatamente nisso que uma transmissão difere de um discurso ou de uma palestra. No palco, como qualquer pessoa acostumada a falar diante de uma plateia sabe, é quase impossível não adaptar o seu tom a ela. Em poucos minutos fica óbvio a que as pessoas vão ou não responder, então na prática o orador é quase impelido a falar exatamente para aquela pessoa que ele considera a mais estúpida, além de tentar conquistar o público por meio de algum truque pessoal, aquilo conhecido como "carisma". Se ele não fizer isso, terá sempre um ambiente frio e constrangido. É como se passa essa coisa horrível chamada "leitura de poesia", porque sempre haverá no público ouvintes entediados ou francamente hostis, mas que não podem simplesmente girar o botão do rádio e se retirar. No fundo, é por essa mesma dificuldade — o fato do público de um teatro não ser homogêneo — que não se consegue ter uma apresentação decente de Shakespeare na Inglaterra. Nas transmissões radiofônicas isso não acontece. O poeta *sente* que se dirige a pessoas para as quais a poesia tem importância, e sabe-se que poetas acostumados à radiodifusão leem ao microfone com um virtuosismo que não conseguem quando o público está à sua frente. O elemento do faz de conta que entra nisso não tem tanta importância. A questão é que, da única maneira agora possível, o poeta está sendo levado a uma situação em que ler versos em voz alta parece uma coisa natural e descomplicada, uma troca normal entre duas pessoas; e assim ele também pode começar a pensar sua obra como *som* e não como um padrão no papel. Graças a isso a reconciliação entre a poesia e o homem comum está mais próxima. Já existe, na ponta etérea em que vive o poeta, uma resposta, qualquer que seja, vinda da outra ponta.

No entanto, o que está acontecendo nessa outra ponta não pode ser desconsiderado. Pode parecer que falo como se os temas da poesia fossem sempre constrangedores, quase indecentes, e que a sua maior popularização necessita de uma manobra essencialmente estratégica, algo como forçar uma criança a engolir um remédio ou estabelecer um limite de tolerância para uma seita perseguida. Infelizmente é assim que acontece, ou quase assim. Sem dúvida, em nossa civilização a poesia é de longe a mais desacreditada das artes, a única, realmente, em que o homem médio se nega a reconhecer qualquer valor. Arnold Bennett não estava brincando quando disse que nos países de língua inglesa a simples palavra "poesia" dispersaria uma multidão mais rapidamente do que uma mangueira de incêndio. Como já salientei, uma tendência desse tipo tende a se ampliar, pelo simples fato de existir, tornando o homem comum cada vez mais avesso à poesia e o poeta cada vez mais arrogante e ininteligível, fazendo com que o divórcio entre poesia e cultura popular seja visto como uma espécie de lei da natureza, embora na verdade seja um fenômeno apenas do nosso tempo, e numa área relativamente pequena da Terra. Vivemos numa época em que o ser humano médio, nos países altamente civilizados, tem um senso estético menor que o pior dos selvagens. Considera-se que esse estado de coisas não tem como ser remediado por qualquer ato consciente e, por outro lado, espera-se que isso se endireite por conta própria, assim que a sociedade estiver numa fase mais atraente. Com pequenas variações, o marxista, o anarquista e o crente religioso repetem isso e, em termos gerais, é de fato verdade. A feiura em que vivemos tem causas espirituais e econômicas, não podendo ser explicada pelo simples desvio da tradição num determinado momento. Contudo, isso não quer dizer que melhoria alguma seja possível dentro da nossa estrutura atual, nem que a melhoria estética não seja necessária à redenção geral da sociedade. Vale a pena então parar e perguntar se não seria ainda possível resgatar a poesia dessa posição particular — a mais menosprezada das artes —, conseguindo para ela pelo menos o mesmo grau de tolerância que se tem com a música. Para tanto, seria preciso começar se perguntando de que maneira e em que medida a poesia é impopular.

A princípio, a impopularidade da poesia não poderia ser maior. No entanto, pensando bem, isso deve ser visto mais de perto. Para começar, há uma quantidade apreciável de poesia popular (cantigas de ninar etc.), universalmente conhecida e citada, presente na lembrança de todo mundo. Há também muitas canções e baladas antigas que nunca saíram de moda. Além disso, mantém-se popular, ou pelo menos tolerada, a "boa poesia ruim", geralmente de cunho patriótico ou sentimental. Isso poderia ser irrelevante, não tivesse essa "boa poesia ruim" todas as características que decididamente fazem o homem médio não gostar da poesia verdadeira. Em rima, ela trata de sentimentos nobres em linguagem incomum — tudo num grau muito acentuado, pois é quase inquestionável que a poesia ruim é mais "poética" do que a poesia boa. Quando não é declaradamente apreciada, ela é pelo menos tolerada. Por exemplo, pouco antes de escrever esse texto, ouvi alguns humoristas da BBC em seu quadro habitual, apresentado antes do noticiário das nove. Nos últimos três minutos, um deles de repente anunciou que seria "sério por um momento" e recitou um trecho de "A Fine Old English Gentleman" em homenagem a Sua Majestade, o Rei. Qual pode ser a reação dos ouvintes a esse escorregão repentino, no pior tipo de poesia épica rimada? Não pode ser violentamente negativa, pois resultaria numa quantidade suficiente de cartas indignadas para impedir que a BBC repetisse esse tipo de coisa.

Podemos concluir que, embora o grande público seja hostil à *poesia*, ele não é, pelo menos de maneira tão acentuada, ao *verso*. É verdade que, se a rima e a métrica não fossem apreciadas, nem as canções nem as trovinhas picantes seriam populares. A poesia não agrada por estar associada à ininteligibilidade, à pretensão intelectual e a um sentimento geral de diletantismo ocioso. Sua simples designação cria o mesmo tipo de má impressão que a palavra "Deus" ou o colarinho de um pároco. De certa maneira, tornar popular a poesia significa acabar com uma inibição adquirida. Implica fazer as pessoas ouvirem, em vez de mecanicamente fazerem uma careta de desaprovação. Se a verdadeira poesia pudesse ser apresentada ao grande público de maneira que parecesse *normal*, assim como a porcaria que acabei de ouvir pareceu presumidamente normal, pelo menos parte do preconceito hostil existente poderia ser superado.

É difícil acreditar que a poesia possa se tornar novamente popular sem um deliberado esforço de educação do público, envolvendo estratégias e até subterfúgios. T. S. Eliot uma vez sugeriu que a poesia, sobretudo a poesia dramática, poderia ser trazida de volta às pessoas comuns por meio do *music hall*. Ele poderia ter acrescentado a pantomima, com vastas possibilidades que parecem nunca terem sido completamente exploradas. "Sweeney Agonistes" talvez tenha sido escrito a partir dessa ideia, e de fato o livro todo pode ser pensado como um ato de *music hall* ou pelo menos como cena de um show de variedades. Sugeri o rádio como meio mais promissor e apontei suas vantagens técnicas, que favorecem muito o poeta em particular. A razão pela qual tal sugestão parece à primeira vista sem muito futuro é que poucas pessoas são capazes de imaginar o rádio podendo transmitir qualquer coisa que não seja tolice. As pessoas ouvem o que de fato sai pelos alto-falantes mundo afora e concluem ser para isso, e nada mais, que o rádio existe. Na verdade, o rádio costuma evocar a imagem de ditadores vociferantes ou de vozes rascantes refinadas anunciando, por exemplo, que três dos nossos aviões não voltaram. A poesia, quando vai ao ar, soa como musas em trajes de noite. Mas não devemos confundir as possibilidades de uma ferramenta com o uso que dela vem sendo feito. A radiodifusão é o que é não por ser inerentemente vulgar, tola e desonesta, mas porque, atualmente, toda transmissão, no mundo inteiro, está sob o controle de governos ou de grandes monopólios ativamente interessados em manter o *status quo* e, com isso, evita-se que o homem comum fique inteligente demais. Algo parecido aconteceu com o cinema, que, como o rádio, surgiu durante o estágio monopolista do capitalismo e é terrivelmente caro de se operar. Em todas as artes, a tendência é a mesma. Cada vez mais os canais de produção estão sob controle de burocratas que têm como objetivo a desvalorização do artista, ou no mínimo a sua castração. Seria uma perspectiva desoladora se a *totalitarização* que vem acontecendo — e sem dúvida deve continuar — não fosse mitigada por outro processo que há cinco anos era ainda dificilmente previsível.

De fato, as enormes máquinas burocráticas, das quais todos fazemos parte, estão começando a funcionar com dificuldade por terem se tornado tão pesadas e ainda continuarem crescendo. A tendência do Estado moderno é acabar com a liberdade do intelecto e, ao mesmo tempo, cada Estado, sobretudo com a pressão da guerra, vê-se cada vez mais necessitado de uma intelectualidade para sua propaganda. O Estado moderno precisa, por exemplo, de pessoas para escrever seus panfletos, de artistas e ilustradores de cartazes, de locutores, palestrantes, produtores de filmes, atores, compositores e até mesmo de pintores e escultores, sem falar de psicólogos, sociólogos, bioquímicos, matemáticos etc. No início dessa guerra, o governo britânico tinha a intenção mais ou menos declarada de manter a intelectualidade literária fora da sua área de interesse, no entanto, após três anos de guerra, quase todos os escritores, por mais incômodas que sejam suas histórias políticas ou opiniões, foram cooptados pelos vários ministérios ou pela BBC, e mesmo aqueles que foram alistados nas Forças Armadas em geral, depois de certo tempo, passaram para as Relações Públicas ou para algum trabalho essencialmente literário. De má vontade, o governo absorveu essas pessoas, apenas por precisar delas. O ideal, do ponto de vista oficial, teria sido colocar toda propaganda nas mãos de indivíduos "seguros" como A. P. Herbert ou Ian Hay. Não havendo número suficiente de gente assim, foi preciso apelar para a intelectualidade existente. Com isso, o tom e, de certa forma, até o conteúdo da propaganda oficial mudaram.

Ninguém que esteja familiarizado com os panfletos do governo, com as palestras da ABCA (The Army Bureau of Current Affairs) [Departamento de Atualidades do Exército], com os documentários e as transmissões para os países ocupados, produzidos nos dois últimos anos, poderia imaginar nossos governantes patrocinando esse tipo de coisa, se pudessem evitar. Porém, quanto mais pesada se torna a máquina de governo, mais pontas soltas e cantos esquecidos existem nela. Talvez seja um pequeno consolo, mas não desprezível, pois significa que em países onde já existe uma forte tradição liberal, a tirania burocrática talvez nunca chegue a ser total. Homens de fraque e cartola governarão, mas, enquanto forem forçados a manter certa intelectualidade, a intelectualidade guardará certa autonomia. Quando o governo precisa, por exemplo, de filmes documentários, tem que empregar pessoas dessa área, dando-lhes um mínimo necessário de liberdade; com isso, podem surgir filmes não presos ao ponto de vista burocrático. O mesmo ocorre com a pintura, a fotografia, a redação de roteiros, a reportagem, as palestras e todas as demais artes e meias-artes das quais um Estado moderno, em sua complexidade, necessita.

A aplicação disso ao rádio é óbvia. Por agora, o alto-falante é o inimigo do escritor criativo, mas isso pode não ser verdade para sempre, quando a quantidade e o alcance das transmissões aumentarem. Atualmente, do jeito que as coisas estão, embora a BBC demonstre muito pouco interesse pela literatura contemporânea, ainda é mais difícil ter cinco minutos no ar para transmitir um poema do que doze horas de propaganda mentirosa, música enlatada, piadas velhas, falsas "discussões" e sei lá mais o quê. Contudo, conforme eu disse, esse estado de coisas pode mudar e, quando chegar o momento, experiências sérias na transmissão de versos, sem levar em consideração as várias influências hostis que impedem algo assim nesse momento, podem se tornar possíveis. Só não tenho tanta certeza de que isso dê bons resultados. O rádio caiu na burocratização tão rapidamente que a relação entre radiodifusão e literatura nunca foi pensada. Nada garante que o microfone seja o instrumento que levará a poesia de volta às pessoas comuns nem que a poesia ganhe em ser mais falada e menos escrita, mas insisto para que essas possibilidades possam ser tentadas, e que aqueles que se importam com a literatura possam mais frequentemente voltar seus pensamentos para este meio tão desprezado, cujos poderes voltados para o bem talvez já tenham sido obscurecidos demais pelas vozes do professor Joad e do doutor Goebbels.

POLÍTICA E LÍNGUA INGLESA

A maioria das pessoas que realmente se importam com o tema admite que a língua inglesa está num mau caminho, mas de maneira geral presume-se que nada pode ser feito quanto a isso por meio de uma ação consciente. Nossa civilização está decadente, e nossa linguagem — segundo o argumento corrente — participa, de maneira inevitável, do colapso geral. Dessa forma, qualquer luta contra os abusos da língua constitui um arcaísmo sentimental, como preferir velas a luz elétrica ou diligências a aviões. Por trás disso está a crença semiconsciente de que a língua é uma evolução natural e não uma ferramenta que moldamos para nossos próprios fins.

É claro, no entanto, que o declínio de uma língua tem, em última instância, causas políticas e econômicas, não resultando, simplesmente, de uma má influência deste ou daquele escritor em particular. Um efeito, porém, pode se tornar causa, reforçando a causa original e produzindo o mesmo efeito, intensificado; e assim por diante, indefinidamente. Um homem pode começar a beber por se sentir fracassado e, a partir disso, fracassar mais ainda por causa da bebida. É mais ou menos o que está acontecendo com a língua inglesa. Ela se torna feia e imprecisa porque nosso pensamento é tolo, e esse desleixo da linguagem nos leva mais facilmente a pensamentos tolos. Entretanto, esse processo é reversível. O inglês moderno, sobretudo o inglês escrito, está cheio de maus hábitos que se disseminam por uma mera tendência à imitação e que podem ser evitados caso alguém se dê ao trabalho. Se nos livrarmos desses hábitos, poderemos pensar com mais clareza, e pensar com clareza é um primeiro passo na direção de uma renovação política, de forma que a luta contra o mau inglês não seja fútil, nem preocupação exclusiva de escritores profissionais. Voltarei ainda a isso, e espero que, desta forma, o que disse até aqui se torne mais claro. Enquanto isso, cito cinco exemplos de como a língua inglesa está agora sendo frequentemente escrita.

As cinco passagens a seguir não foram escolhidas por serem particularmente ruins — eu poderia citar outras bem piores —, mas por ilustrarem os vícios mentais que nos afligem atualmente. Estão abaixo da média, mas são bastante representativas. Vou numerá-las para poder me referir a elas quando necessário:

(1) "Não estou de fato certo de não ser verdade afirmar que Milton, que antes não parecia tão diferente de um Shelley do século XVII, não tenha se tornado, por uma experiência mais amarga a cada ano, mais alienígena (*sic*) para o fundador daquela seita jesuíta que antes nada podia induzi-lo a tolerar."
Professor Harold Laski (*Essay in Freedom of Expression* [Ensaio sobre liberdade de expressão])

(2) "Acima de tudo, não podemos brincar de ricochetear pedrinhas na água com uma bateria daquelas expressões idiomáticas nativas que prescrevem egrégias justaposições de vocábulos, a exemplo do básico *'put up with'* no lugar de *'tolerate'* [tolerar, aturar] ou *'put at a loss'* no lugar de *'bewilder'* [confundir, desnortear]."
Professor Lancelot Hogben *(Interglossa)*

(3) "Por um lado, temos a personalidade livre; por definição, ela não é neurótica, pois não há conflito, nem sonho. Seus desejos, tais como são, são transparentes, pois são apenas o que a aprovação institucional mantém na linha de frente da consciência; outro padrão institucional alteraria seu número e intensidade; pouco há neles que seja natural, irredutível ou culturalmente perigoso. Mas *por outro lado*, o laço social em si nada mais é do que o reflexo mútuo dessas integridades autoconfiantes. Lembrem-se da definição de amor. Não é a própria imagem do pequeno acadêmico? Onde há lugar nessa sala de espelhos para qualquer personalidade ou fraternidade?"
"Essay on Psychology" ["Ensaio sobre psicologia"] em *Politics* (Nova York)

(4) "Toda aquela 'gente de bem' que frequenta os clubes de cavalheiros e todos os frenéticos capitães fascistas, unidos por um ódio comum contra

o socialismo e por um horror bestial à crescente onda do movimento revolucionário de massa, se voltaram para atos de provocação, para um incendiarismo infame, para lendas medievais sobre poços envenenados, com a intenção de autenticar sua própria forma de destruição das organizações proletárias e despertar a agitada pequena-burguesia em prol de um fervor chauvinista, em nome da luta contra uma saída revolucionária da crise."
Panfleto comunista

(5) "Se um novo espírito tiver que ser infundido nesse velho país, há uma reforma espinhosa e contenciosa que deve ser enfrentada, que é a humanização e a galvanização da BBC. A timidez em relação a isso evidenciará o cancro e a atrofia da alma. O coração da Grã-Bretanha pode estar em boas condições e pulsar forte, por exemplo, mas atualmente o rugido do leão britânico é como o de Bottom em *Sonho de uma noite de verão*, de Shakespeare — tão delicado quanto o de uma pombinha. Uma nova e viril Grã-Bretanha não pode continuar a ser indefinidamente traída aos olhos, ou melhor, aos ouvidos do mundo pelos langores sussurrados da Langham Place, descaradamente disfarçados de 'inglês padrão'. Quando ouvimos, às nove horas da manhã, a Voz da Grã-Bretanha, parece melhor e infinitamente menos ridículo ouvir os 'h' antes das palavras não pronunciados devidamente do que os atuais

arrogantes, inflados e pudibundos miados de professorinhas solteironas inocentes e tímidas."
Carta no *Tribune*

Cada um desses trechos tem suas falhas específicas, mas, além da evitável feiura estilística, duas características são comuns a todos. Uma diz respeito às imagens já gastas e a outra, à falta de precisão. Seus autores ocasionalmente têm algo a dizer que não conseguem expressar, ou inadvertidamente dizem algo diferente do que gostariam, ou pouco ligam se suas palavras têm ou não algum significado. Essa mistura de imprecisão e absoluta incompetência é a característica mais marcante da prosa inglesa moderna e, sobretudo, de qualquer tipo de texto político. Assim que certos temas são levantados, o concreto e o abstrato se misturam e ninguém parece capaz de pensar em expressões que não sejam banais: cada vez menos a prosa consiste em *palavras* escolhidas por seu significado, e mais em *frases* juntadas como os compartimentos de um galinheiro pré-fabricado. Enumero a seguir, com notas e exemplos, alguns truques habitualmente usados para se evitar o trabalho de construção da prosa:

Metáforas moribundas. Uma metáfora recém-inventada auxilia o pensamento ao evocar uma imagem visual. Por outro lado, uma metáfora que está tecnicamente "morta" (por exemplo, *"iron resolution"* [resolução de ferro]) pode voltar como uma palavra comum e ser usada sem que se perca a sua vivacidade. Entre essas duas classes, no entanto, há um grande número de metáforas gastas que perderam toda capacidade de evocação e são usadas apenas porque poupam às pessoas o trabalho de inventar suas próprias frases. Posso citar: *"ring the changes on"* [fazer algo de forma diferente para tornar a coisa mais interessante], *"take up the cudgels for"* [defender algo ou alguém com veemência], *"toe the line"* [obedecer às regras], *"ride roughshod over"* [fazer o que quer, custe o que custar], *"stand shoulder to shoulder with"* [dar apoio a alguém em busca de um objetivo comum], *"play into the hands of"* [cair na manipulação de outrem], *"an axe to grind"* [ter uma razão muito particular para fazer algo], *"grist to the mill"* [algo que é útil para determinado propósito ou que reforça o ponto de vista de alguém], *"fishing in troubled waters"* [se dar bem, tirar vantagem de uma situação difícil], *"rift within the lute"* [uma pequena falha que destrói o todo], *"on the order of the day"* [na ordem do dia], *"Achilles' heel"* [calcanhar de Aquiles], *"swan song"* [o canto do cisne], *"hotbed"* [lugar onde coisas desagradáveis acontecem]. Muitas são usadas sem que sequer se conheça o seu significado (o que é um *"rift"*, por exemplo?) e metáforas incompatíveis são frequentemente misturadas, deixando claro que quem as escreve não se preocupa com o que diz. Algumas metáforas agora corriqueiras tiveram seu significado original distorcido sem que quem as utiliza tenha percebido. Por exemplo, *"toe the line"* às vezes é escrito como *"tow the line"*. Outro exemplo é *"the hammer and the anvil"* [o martelo e a bigorna], agora sempre usado com a bigorna levando a pior, enquanto, na realidade, é sempre a bigorna que quebra o martelo e nunca o contrário. Um escritor que parasse para pensar saberia disso e evitaria perverter a frase original.

Operadores ou *falsos membros verbais*. Esses evitam o trabalho de escolher verbos e substantivos apropriados, e ao mesmo tempo "enrolam" cada frase, adicionando sílabas que dão uma aparência de simetria. As frases mais características são: *"render inoperative"* [tornar inoperante], *"militate against"* [militar contra], *"prove unacceptable"* [provar inaceitável], *"make contact with"* [fazer contato com], *"be subjected to"* [ser submetido a], *"give rise to"* [dar origem a], *"give grounds for"* [dar motivos para], *"having the effect of"* [tendo o efeito de], *"play a leading part (role) in"* [ter o papel principal em], *"make itself felt"* [fazer-se sentir], *"take effect"* [exercer efeito], *"exhibit a tendency to"* [mostrar uma tendência a], *"serve the purpose of"* [servir ao propósito de] etc. A tônica é a eliminação dos verbos simples. Em vez de uma única palavra, como "quebrar", "parar", "estragar", "consertar", "matar", o verbo se torna uma frase, com um substantivo ou um adjetivo anexado de última hora a um verbo de uso geral, a exemplo de "provar", "servir", "formar", "fazer", "tornar". Além disso, a voz passiva aparece sempre que possível, preferível à ativa, e as construções de substantivos são usadas no lugar de gerúndios (*"by examination of"* [pela análise de] em vez de *"by examining"* [analisando]). A gama de verbos é ainda mais reduzida por meio de formações como *"-ize"* e *"de-"*, e declarações banais ganham ares de profundidade por meio da dupla negação *"not 'un-'"*. Conjunções e preposições simples são substituídas por fórmulas, a exemplo de: *"with respect to"* [com respeito a], *"having regard to"* [tendo consideração por], *"the fact that"* [o fato de que], *"by dint of"* [por força de], *"in view of"* [em vista de], *"in the interests of"* [no interesse de], *"on the hypothesis that"* [na hipótese de que]; e os finais de frases são salvos do anticlímax por lugares-comuns retumbantes como: *"greatly to be desired"* [muito desejáveis], *"cannot be left out of account"* [não podem ser deixados de lado], *"a development to be expected in the near future"* [um crescimento a ser esperado num futuro próximo], *"deserving of serious consideration"* [que merece uma consideração séria], *"brought to a satisfactory conclusion"* [levado a uma conclusão satisfatória] e assim por diante.

Dicção pretensiosa. Palavras como *fenômeno, elemento, individual* (como substantivo), *objetivo, categórico, efetivo, virtual, base, primário, promover, constituir, exibir, explorar, utilizar, eliminar* e *liquidar* são usadas para disfarçar afirmações simples e dar um ar de imparcialidade científica a julgamentos tendenciosos. Adjetivos como *marcante* [no sentido de ter marcado época], *épico, histórico, inesquecível, triunfante, antiquíssimo, inevitável, inexorável, verdadeiro* são usados para tornar dignos os sórdidos processos da política internacional, enquanto a escrita que busca tornar a guerra algo glorioso em geral assume um tom arcaico, sendo suas palavras características: *reino, trono, carruagem, punho armado, tridente, espada, escudo, broquel, estandarte, coturno, clarim*. Palavras e expressões estrangeiras como *cul-de-sac, ancien régime, deus ex machina, mutatis mutandis, status quo, gleichschaltung, weltanschauung* são usadas para dar um ar de cultura e elegância. Exceto pelas abreviações úteis, *i.e., e.g.* e *etc.*, não há necessidade real de qualquer uma das centenas de expressões estrangeiras agora tão usadas em inglês. Escritores ruins — e principalmente escritores científicos, políticos e sociológicos — parecem frequentemente assombrados pela ideia de que palavras latinas ou gregas têm mais imponência que as saxãs, e palavras desnecessárias como *expedir, melhorar, prever, estranho, desenraizado, clandestino, subaquático* e outras centenas constantemente ganham terreno em relação às suas correspondentes anglo-saxãs.[1] O vocabulário peculiar da escrita marxista (*hiena, carrasco, canibal, pequeno-burguês, nobreza, lacaio, cachorro louco, guarda branca* etc.) consiste basicamente em palavras e expressões traduzidas do russo, do alemão ou do francês; mas a maneira usual de se cunhar um vocábulo novo é empregando uma raiz latina ou grega com o afixo apropriado e, quando necessário, o complemento '*-ize*'. Em geral, é mais fácil inventar palavras desse tipo

---

[1] Uma boa ilustração disso está na maneira com que os nomes ingleses de flores, em uso até bem recentemente, estão passando para o grego, com boca-de-leão se tornando antirrhinum, não-me-esqueças se tornando myosotis etc. É difícil ver qualquer motivação prática nessa mudança que certamente se deve a uma repulsa instintiva pela palavra mais doméstica e a vaga sensação de ser, a palavra grega, mais científica. (N.A.)

(*de-regionalize, impermissible, extramarital, non-fragmentary* e assim por diante [*desregionalização, inadmissível, extraconjugal, não fragmentário* e assim por diante]) do que palavras em inglês que cubram o sentido. Resulta disso, quase sempre, um maior desleixo e uma menor precisão.

Palavras sem significado. Em certo tipo de texto, na crítica de arte e na crítica literária em particular, é normal encontrar longos trechos quase totalmente desprovidos de sentido.[2] Palavras como *romântico, plástico, valores, humano, morto, sentimental, natural, vitalidade*, tais como são usadas na crítica de arte, não têm literalmente o menor significado, no sentido de que não remetem a qualquer objeto identificável, nem o próprio leitor espera que remetam. Quando um crítico escreve: "A característica marcante da obra do sr. X é a sua qualidade viva", e outro: "O que imediatamente se nota na obra do sr. X é a sua peculiar mortificação", o leitor aceita isso como simples diferença de opinião. Se palavras como *preto* e *branco* estivessem envolvidas, em vez de palavras que aludem à morte e à vida, ele imediatamente perceberia o uso impróprio que se fez da língua.

---

[2] Exemplo: "A catolicidade da percepção e da imagem de Comfort, estranhamente whitmanesca em seu alcance, quase no exato oposto em termos de compulsão estética, continua a evocar aquela vibração atmosférica acumulativa que sugere uma atemporalidade cruel e inexoravelmente serena... Wrey Gardiner pontua simplesmente mirando na mosca com precisão. Só que isso não é tão simples e, através dessa tristeza contente, corre mais do que a superfície agridoce da resignação." (*Poetry Quarterly*) (N.A.)

De forma semelhante se abusa de muitas palavras no discurso político. O termo *fascismo* não faz mais sentido, exceto significando "algo não desejável". As palavras *democracia, socialismo, liberdade, patriótico, realista, justiça* têm, cada uma, vários significados diferentes que não se conciliam. No caso de uma palavra como *democracia*, além de não haver uma definição consensual, qualquer tentativa nessa direção encontra resistência vinda de todos os lados. É quase universalmente aceito que, quando dizemos que um país é democrático fazemos um elogio; com isso, os defensores de todo tipo de regime o dizem democrático, temendo serem obrigados a não mais usar essa palavra se ela estiver ligada a outro contexto. Palavras desse tipo são frequentemente empregadas de maneira conscientemente desonesta. Ou seja, por alguém que tem sua definição própria, mas deixa que o interlocutor entenda algo bem diferente. Declarações como *O marechal Pétain era um verdadeiro patriota, A imprensa soviética é a mais livre do mundo, A Igreja Católica se opõe à perseguição* quase sempre são feitas com a intenção de enganar. Outras palavras, usadas com significados variáveis, quase sempre de forma mais ou menos desonesta, são: *classe, totalitário, ciência, progressista, burguês reacionário, igualdade*.

Agora que montei esse catálogo de trapaças e perversões, deixem-me dar outro exemplo de texto que leva a isso. Vamos, dessa vez, apelar para o criativo. Vou traduzir um trecho de bom inglês para o inglês moderno da pior espécie. Peguemos um versículo bem conhecido do *Eclesiastes*:

Percebi ainda outra coisa sob o sol: os pés mais ligeiros nem sempre vencem a corrida, os fortes nem sempre triunfam na batalha, os sábios nem sempre têm pão, os prudentes nem sempre são ricos, os instruídos nem sempre têm prestígio; pois o tempo e o acaso afetam a todos.

Agora em idioma moderno:

A consideração objetiva dos fenômenos contemporâneos leva à conclusão de que o sucesso ou o fracasso nas atividades competitivas não são tendencialmente proporcionais à capacidade inata, e um elemento considerável de imprevisibilidade deve invariavelmente ser levado em consideração.

Trata-se de uma paródia, mas nem tão grosseira. Por exemplo, a citação (3), anteriormente, apresenta retalhos do mesmo tipo. Pode-se notar que não fiz a tradução completa. O início e o fim do texto seguem o original bem de perto, mas as ilustrações do meio — corrida, batalha, pão — se diluem numa frase mais vaga: "o sucesso ou o fracasso nas atividades competitivas." E isso porque nenhum escritor moderno do tipo a que me refiro — capaz de usar frases como "consideração objetiva dos fenômenos contemporâneos" — organizaria seus pensamentos de maneira tão precisa e detalhada. A tendência da prosa moderna está longe da concretude. Analisem agora os dois trechos mais de perto. O primeiro contém 49 palavras,[3] mas apenas sessenta sílabas, e todas as palavras vêm da vida cotidiana. O segundo contém 38 palavras e noventa sílabas. Dessas palavras, 18 têm raízes latinas e uma grega. O primeiro trecho contém seis imagens vivas, e apenas uma expressão ("tempo e acaso") pode ser considerada vaga. O segundo não apresenta uma única frase nova e atraente, mas, apesar de contar com noventa sílabas, oferece apenas uma versão abreviada do significado existente no primeiro. No entanto, é indiscutivelmente esse segundo tipo de texto que ganha terreno no inglês moderno. Não quero exagerar. Esse tipo de escrita ainda não é universal, e ocorrências das mais simples surgem em páginas pessimamente escritas. Mesmo assim, se tivéssemos, você ou eu, que escrever algumas linhas sobre a incerteza do destino humano, provavelmente nos aproximaríamos bem mais do meu parágrafo imaginário do que daquele do *Eclesiastes*.

Como tentei mostrar, o pior da escrita moderna não está na escolha das palavras pelo seu significado nem na invenção de imagens para tornar seu significado mais claro. Está em juntar longas fileiras de palavras já ordenadas por outra pessoa e tornar apresentável o resultado, ou seja, é pura trapaça. O que mais atrai nessa forma de escrever é a sua facilidade. É mais fácil — e com o hábito isso se torna ainda mais rápido — dizer *na minha opinião* não é uma

---

[3] A tradução manteve a contagem das palavras e das sílabas do original, assim como as demais referências pontuais, ao longo do artigo inteiro. (N.T.)

suposição injustificável do que dizer *eu acho*. Quem usa frases prontas, além de não precisar buscar palavras, também não precisa se preocupar com o ritmo, uma vez que, em geral, elas foram mais ou menos arranjadas de forma eufônica. Quando se está compondo um texto apressadamente — ditando para um estenógrafo, por exemplo, ou fazendo um discurso público —, é natural cair num estilo pretensioso e latinizado. Subterfúgios como *uma consideração que devemos ter em mente* ou *uma conclusão a que todos chegaríamos* evitam que muitas frases desmoronem de forma brusca demais. Usar metáforas obsoletas, equivalências e expressões idiomáticas permite uma economia de esforço mental, mas às custas da precisão do significado, não só para o leitor, mas para nós mesmos. E é o que resulta de metáforas confusas. O único objetivo das metáforas é evocar imagens visuais. Quando essas imagens se chocam — como em *the fascist Octopus has sung its swan song* [o polvo fascista cantou seu canto do cisne] ou *the jackboot is thrown into the melting pot* [o coturno foi jogado no caldeirão] — pode-se ter certeza de que o escritor não vê, mentalmente, a imagem dos objetos citados; ou seja, ele não pensa realmente o que diz. Voltemos aos exemplos que dei no início deste ensaio. O professor Laski (1) usa cinco termos negativos em 53 palavras. Um deles, além de supérfluo, torna o trecho inteiro absurdo, mas há também o "alienígena", que aumenta ainda mais o absurdo, e vários termos desajeitados, totalmente evitáveis, que fazem crescer ainda mais a sensação de imprecisão geral. O professor Hogbem (2) usa a brincadeira do ricochete com uma *bateria* que é capaz de escrever *prescrições* e, embora desaprove *put up with* [tolerar, aturar] na linguagem cotidiana, mostra-se relutante em consultar a palavra *egregious* [egrégia] no dicionário. Sobre a citação (3), basta lermos sem qualquer condescendência e veremos que não faz o menor sentido: talvez fosse possível compreender seu significado se lêssemos na íntegra o artigo em que está inserida. Em (4), o escritor mais ou menos sabe o que quer dizer, mas o acúmulo de frases velhas o sufoca como folhas de chá que entopem uma pia. Em (5), as palavras e seus significados praticamente rompem relações. As pessoas que escrevem dessa maneira normalmente têm algum sentido emocional geral — não gostam de uma coisa e querem se solidarizar com outra — mas não estão interessadas no que dizem em detalhes. Um escritor escrupuloso, a cada frase que escreve faz pelo menos quatro perguntas a si mesmo: o que estou tentando dizer? Que palavras podem expressar isso? Que imagem ou expressão idiomática tornará isso mais claro? Essa imagem é nova o suficiente para causar algum efeito? E ele provavelmente se perguntará ainda: posso ser mais conciso? Será que eu disse algo feio que é possível evitar? Mas ninguém é obrigado a ter todo esse trabalho. Você pode simplesmente deixar que frases feitas se aglomerem na sua cabeça. Elas construirão o seu texto — de certo modo, até pensarão por você — e, se necessário, farão o importante serviço de parcialmente ocultar o sentido até de você mesmo. É aí que a conexão especial entre política e degradação da língua se torna clara.

Nos dias de hoje, é incontestável que textos sobre política são mal escritos. Quando isso não se confirma, geralmente se descobre que quem o escreveu foi algum tipo de rebelde, expressando opiniões particulares e não uma "linha partidária". A ortodoxia, qualquer que seja a sua coloração, parece requerer um estilo imitativo, sem vida. Os dialetos políticos encontrados em panfletos, nos editoriais e artigos principais dos jornais, em manifestos, em relatórios oficiais e em discursos de subsecretários variam de partido a partido, é claro, mas são todos parecidos, no sentido de quase nunca apresentarem algo novo, uma fresca, vivaz mudança de tom e de conteúdo. Quando vemos, enquanto esperamos o trem, um desses escrivinhadores políticos cansado, repetindo mecanicamente suas expressões familiares — *"bestial atrocities"* [atrocidades bestiais], *"iron heel"* [talão de ferro], *"bloodstained tyranny"* [tirania manchada de sangue], *"free peoples of the world"* [libertem todos os povos do mundo], *"stand shoulder to shoulder"* [ficar ombro a ombro] — muitas vezes temos a curiosa sensação de não se tratar de um ser vivo, mais parecendo um boneco de ventríloquo; uma sensação que se torna mais forte quando uma claridade se reflete nos óculos do sujeito, dando a impressão de não haver olhos por trás das lentes, mas apenas discos brancos. E isso não é pura fantasia. Um ser dotado de fala que usa esse tipo de fraseologia percorreu certo caminho para se transformar em fantoche. Os sons apropriados saem da garganta, mas o cérebro não se envolve como deveria, se tivesse que escolher as palavras. Ele diz o que está acostumado a repetir o tempo todo, provavelmente de forma quase inconsciente, como alguém que declama suas falas numa igreja. Se não for indispensável, esse estado reduzido de consciência é no mínimo cômodo para o conformismo político.

Nos dias de hoje, o discurso político se tornou, em grande parte, a defesa do indefensável. Coisas como a conservação do domínio britânico na Índia, os expurgos e deportações russos ou as bombas atômicas no Japão podem ser defendidas, mas apenas com argumentos que são brutais demais para que a maioria das pessoas os adotem. Por isso eles não se enquadram nos objetivos declarados dos partidos políticos. Assim sendo, a linguagem política deve basicamente consistir em eufemismos, declarações de princípios e em pura indefinição. Aldeias indefesas são bombardeadas a partir do céu, os habitantes são expulsos para o campo, o gado é metralhado, os casebres são queimados por projéteis incendiários: isto se chama *pacificação*. Milhões de camponeses perdem suas terras, devendo partir por estradas e levando apenas o que puderem carregar com eles: isto se chama *transferência de população* ou *retificação de fronteiras*. Pessoas ficam presas durante anos sem julgamento, são baleadas na nuca ou enviadas para morrer de escorbuto em acampamentos de madeira no Ártico: isto se chama *eliminação de elementos não confiáveis*. Tal fraseologia é necessária quando se quer nomear coisas sem invocar suas imagens mentais. Imaginem, por exemplo, um afável professor de inglês defendendo o totalitarismo russo. Ele não pode dizer abertamente: "Acredito que se devam matar os oponentes se com isso se obtêm bons resultados." Ele então provavelmente dirá algo assim:

"Embora admitindo livremente que o regime soviético exibe certas características que um humanitário pode estar inclinado a deplorar, devemos concordar, creio eu, que certa restrição ao direito à oposição política é inevitável em períodos de transição e que os rigores a que o povo russo foi chamado a se submeter amplamente se justificaram na esfera da realização concreta."

O estilo inflado é, em si, uma espécie de eufemismo. Uma quantidade de palavras em latim cai sobre os fatos como neve fresca, borrando os contornos e encobrindo os detalhes. A grande inimiga da linguagem clara é a falta de sinceridade. Quando se abre uma lacuna entre os objetivos reais e os objetivos declarados de uma pessoa, ela instintivamente, por assim dizer, se inclina a utilizar palavras compridas e expressões idiomáticas esvaziadas, como uma lula esguichando tinta. Nos dias de hoje, não existe "ficar fora da política". Todas as questões são questões políticas, e a própria política é um amontoado de mentiras, de evasivas, de loucura, de ódio e de esquizofrenia. Quando o ambiente geral está ruim, a linguagem sofre. Não tenho conhecimento suficiente para confirmar, mas provavelmente as línguas alemã, russa e italiana se deterioraram nos últimos dez ou quinze anos, em consequência de suas respectivas ditaduras.

O pensamento corrompe a linguagem, mas a linguagem também corrompe o pensamento. O seu mau uso pode se disseminar por tradição e por imitação, mesmo entre pessoas que deveriam ser — e são — mais esclarecidas. A língua degradada de que venho falando é, de certa forma, muito conveniente. Expressões como *"a not unjustifiable assumption"* [uma suposição não injustificável], *"leaves much to be desired"* [deixam muito a desejar], *"would serve no good purpose"* [não serviriam a nenhum bom propósito], *"a consideration which we should do well to bear in mind"* [uma consideração que devemos ter em mente] são uma tentação contínua, uma caixa de aspirinas sempre à mão. Releiam esse meu ensaio e com certeza descobrirão que cometi os mesmos deslizes contra os quais protesto. Pelo correio dessa manhã, recebi um folheto tratando da situação na Alemanha. O autor me diz que "se sentiu impelido" a escrevê-lo. Abro ao acaso e essa é a primeira frase que leio: "(Os Aliados) têm a oportunidade de não só realizar uma transformação radical na estrutura social e política da Alemanha, de forma a evitar uma reação nacionalista no país, mas ao mesmo tempo lançar as bases para uma Europa cooperativa e unificada." Vejam só, ele "se sente impelido" a escrever — presume-se que achando ter algo novo a dizer — e, no entanto, como os cavalos de cavalaria ouvindo o clarim, suas palavras automaticamente se agrupam no sombrio padrão familiar. Essa invasão da mente por frases feitas (*lançar as bases, realizar uma transformação radical*) só pode ser evitada se houver uma permanente vigilância, mas cada uma delas anestesia uma parte do nosso cérebro.

Afirmei ser possivelmente remediável a decadência da nossa língua. Quem quiser negar isso pode argumentar, caso seja capaz de argumentar, que a língua reflete meramente as condições sociais existentes e não podemos diretamente influenciar sua evolução com ajustes de palavras ou de construções verbais. No que diz respeito ao tom geral ou ao espírito de uma língua, isso pode ser verdade, mas não no que se refere aos detalhes. Palavras e expressões tolas muitas vezes desapareceram, não por qualquer processo evolutivo, mas devido à ação consciente de uma minoria. Dois exemplos recentes são: *explore every avenue* [explorar todas as possibilidades] e *leave no stone unturned* [fazer todo possível], que foram liquidados graças ao escárnio de alguns jornalistas. Há uma longa lista de metáforas esgotadas que poderiam ser eliminadas se um número suficiente de pessoas se interessasse por isso; e também seria possível ironicamente eliminar a formação *not 'un-'*[4] para diminuir a quantidade de latim e grego nas frases mais comuns, expulsar expressões estrangeiras e palavras científicas caídas em desuso e, mais amplamente, declarar fora de moda os pedantismos. Mas todos esses pontos nem têm tanta importância. A defesa da língua inglesa requer mais do que isso e talvez seja melhor começar dizendo o que ela *não* requer.

Para início de conversa, isso nada tem a ver com arcaísmo, com resgate de palavras obsoletas e maneiras

---

4 É possível se curar dessa formação duplamente negativa memorizando a seguinte frase: *a not unblack dog was chasing a not unsmall rabbit across a not ungreen fiel* [um cachorro não preto perseguia um coelho não tão pequeno, num campo não verde]. (N.A.)

de falar, ou com a criação de um "inglês padrão" do qual não devamos nos afastar. Pelo contrário, a preocupação básica está em eliminar palavras ou jargões que perderam utilidade. Nada tem a ver com gramática e sintaxe corretas — elas deixam de ter tanta importância quando dão conta do sentido —, com americanismos ou ainda com o que se chama "bom estilo de prosa". Por outro lado, não há uma preocupação com a falsa simplicidade ou qualquer tentativa para colocar por escrito o inglês coloquial. Também não se trata de procurar dar necessariamente preferência a palavras saxônicas em vez das latinas, embora se trate sim de usar menos palavras, e as mais curtas, para cobrir todo o sentido. O importante, antes de tudo, é deixar que o significado escolha a palavra, e não o contrário. Em prosa, o pior que se pode fazer com as palavras é abandoná-las. Quando se pensa num objeto concreto, o pensamento se forma sem palavras; então, para descrever o que se visualiza, buscam-se as palavras exatas que parecem nisso se encaixar. Nossa tendência, quando pensamos em algo abstrato, é desde o início usar palavras e, a menos que façamos um esforço consciente no sentido contrário, a linguagem corrente logo se apresenta e cumpre essa função, mesmo que borrando ou inclusive mudando o significado. É provavelmente melhor adiar ao máximo o uso das palavras e obter o significado da maneira mais clara possível, através das imagens ou das sensações. Depois podemos escolher e não simplesmente *aceitar* as frases que melhor cobrem o significado, para em seguida alternar e decidir quais impressões as palavras eventualmente causam nos outros. Esse último esforço mental elimina todas as imagens obsoletas ou misturadas, todas as sentenças pré-fabricadas, as repetições desnecessárias, as trapaças e as imprecisões em geral. Mas muitas vezes temos dúvida quanto ao efeito de uma palavra ou frase, e precisamos de regras confiáveis, caso o instinto falhe. Creio que as seguintes regras dão conta da maioria dos casos:

(I) Nunca use uma metáfora, analogia ou qualquer figura de linguagem que você esteja acostumado a ver impressa.

(II) Nunca use uma palavra comprida onde uma curta possa servir.

(III) Sempre que for possível cortar uma palavra, corte-a.

(IV) Nunca use a voz passiva onde puder usar a ativa.

(V) Nunca use uma frase estrangeira, uma palavra científica ou um jargão, se puder se lembrar de um equivalente em inglês do dia a dia.

(VI) Quebre qualquer uma dessas regras antes de dizer alguma barbaridade.

Essas regras parecem — e são — elementares, mas exigem uma profunda mudança de atitude para qualquer um que tenha se acostumado a escrever da maneira que está na moda. Mesmo seguindo todas as regras que citei, é possível que ainda se escreva num inglês ruim, mas o importante é nunca escrever como nos cinco exemplos que citei no início desse artigo.

Não venho considerando aqui o uso literário da língua, mas apenas a sua função como instrumento de expressão, e não no intuito de dissimular ou impedir o pensamento. Stuart Chase, entre outros, praticamente afirmou que nenhuma palavra abstrata tem sentido e usou isso como pretexto para defender certo quietismo político. Se você não sabe o que é o fascismo, como pode lutar contra o fascismo? Não é preciso engolir absurdos como esse, mas devemos reconhecer que o atual caos político está relacionado com a decadência da língua e que é possível melhorar alguma coisa, começando pelas terminações verbais. Se você simplificar o seu inglês, se livrará dos piores desatinos da ortodoxia. Talvez não possa dominar nenhum dos dialetos necessários e quando fizer um comentário idiota, a idiotice será óbvia até para você. O linguajar político — e isso vale para todos os partidos, dos mais conservadores aos anarquistas — é projetado para fazer mentiras parecerem verdades e homicídios ações respeitáveis, dando um feitio concreto ao que é pura brisa. Não se pode mudar tudo de uma vez, mas pelo menos hábitos pessoais podem ser mudados e, de vez em quando, pode-se até rir deles, mandando alguma expressão gasta e inútil — *coturno, calcanhar de Aquiles, viveiro, caldeirão, teste rigoroso, verdadeiro inferno* ou qualquer outra coisa tirada do entulho verbal — para a lata de lixo que ela merece.

POLÍTICA *VERSUS* LITERATURA: UMA ANÁLISE DE *AS VIAGENS DE GULLIVER*

Em *As viagens de Gulliver*, a humanidade é atacada, ou criticada, por pelo menos três ângulos diferentes, e a postura implícita do próprio Gulliver necessariamente muda um pouco no processo. Na primeira parte do livro, ele é o típico viajante do século XVIII, ousado, prático e nada romântico. Sua personalidade comum é muito bem transmitida ao leitor por detalhes biográficos iniciais, como a idade (ele tem quarenta anos e dois filhos quando começam suas aventuras), e pelo inventário de coisas em seus bolsos, sobretudo os óculos, que são várias vezes mencionados. A segunda parte mantém mais ou menos o mesmo personagem, mas ele às vezes tende, por necessidade da narrativa, a tolas declarações de ufanismo relativas ao "nosso nobre país, senhor das artes e das armas, flagelo da França" etc., destacando, ao mesmo tempo, diversas particularidades escandalosas a respeito desse país que ele diz amar. Na terceira parte, Gulliver continua mais ou menos como foi descrito na primeira, mas, como aparece se relacionando com cortesãos e eruditos, fica a impressão de certa ascensão na escala social. Na quarta parte, surge no personagem uma aversão pela raça humana que não se via nas partes anteriores, ou era percebida apenas de vez em quando, e ele se transforma numa espécie de anacoreta laico, tendo como desejo maior viver em algum lugar desolado, onde possa se dedicar apenas à meditação sobre as boas qualidades dos houyhnhnms. Tais inconsistências se impuseram a Swift pelo fato de Gulliver lhe servir principalmente como fornecedor de contrastes. É necessário, por exemplo, que ele pareça sensato na primeira parte e, pelo menos intermitentemente, parvo na segunda, porque nessas duas partes a intenção básica é a mesma: fazer o ser humano parecer ridículo ao imaginá-lo como uma criatura de pouco mais que quinze centímetros de altura. Quando Gulliver não age como um fantoche, há certa continuidade em seu caráter, que se manifesta principalmente pela desenvoltura e pela observação de detalhes físicos. Ele é quase o mesmo tipo de pessoa, no mesmo estilo de prosa, ao sequestrar os navios de guerra de Blefuscu, ao rasgar a barriga do rato monstruoso ou ao navegar no oceano num pequeno e frágil bote feito de peles de yahoos. Além disso, é difícil não perceber que, em seus momentos mais espertos, Gulliver é simplesmente o próprio Swift, e em pelo menos um episódio o autor parece extravasar queixas pessoais contra a sociedade, quando o palácio do imperador de Lilliput pega fogo e Gulliver o apaga urinando nas chamas. Em vez de ser parabenizado pela presença de espírito, ele descobre ter cometido uma ofensa capital ao "fazer água no recinto do palácio":

"Tive em particular a confirmação de que a imperatriz, muito aborrecida com o que eu tinha feito, se mudara para o lado mais distante do pátio, firmemente decidida a que aqueles edifícios nunca fossem reparados para seu uso. Na presença dos seus principais confidentes, ela não se conteve e jurou vingança."

Segundo o professor G. M. Trevelyan (*England Under Queen Anne* [A Inglaterra no reinado da rainha Anne]), Swift não obteve certa promoção que ele esperava, em parte pelo desagrado da rainha com uma pequena publicação de sua autoria, *História de um tonel*. Com esse conto, Swift provavelmente achava ter prestado um grande serviço à Coroa inglesa, atacando a dissidência religiosa e, sobretudo, os católicos, mas poupando a Igreja anglicana. Em todo caso, *As viagens de Gulliver* é inegavelmente um livro rancoroso e pessimista, que frequentemente adota, sobretudo nas primeira e terceira partes, um estreito partidarismo político. Mesquinhez e generosidade, republicanismo e autoritarismo, amor à razão e falta de curiosidade, tudo se confunde. A repulsa pelo corpo humano, com que Swift particularmente se identifica, é dominante apenas na quarta parte, mas, de certa forma, essa particularidade do personagem não chega a surpreender. Nota-se que todas aquelas aventuras e mudanças de humor podiam acontecer com um mesmo indivíduo e a conexão entre a lealdade política de Swift e seu desespero final é uma das características mais interessantes do livro.

Politicamente, Swift, como muitos outros, foi levado a um conservadorismo tóri perverso devido às loucuras do partido progressista naquele momento. A primeira parte de *As viagens de Gulliver*, em sua ostensiva sátira à magnanimidade humana, pode ser vista, se olharmos mais de perto, como um evidente ataque à Inglaterra do partido Whig e à guerra contra a França, que — por pior que fossem os motivos dos Aliados — salvou a Europa de ser tiranizada por uma única potência reacionária. Swift não era jacobita nem propriamente conservador e, com relação à guerra, seu declarado objetivo era apenas um tratado de paz moderado, não a derrota total da Inglaterra. Ainda assim, há um toque de traição em sua atitude, que aparece no final da primeira parte e interfere ligeiramente na alegoria. Quando Gulliver foge de Lilliput (Inglaterra) para Blefuscu (França), a narrativa parece também abandonar a ideia de seres humanos de quinze centímetros serem inerentemente desprezíveis. Enquanto o povo de Lilliput se comporta com Gulliver de forma pérfida e mesquinha, o de Blefuscu age de maneira generosa e direta, o que faz com que essa seção do livro termine com um espírito diferente da desilusão geral dos capítulos anteriores. Fica claro ser antes de tudo contra a *Inglaterra* a predisposição de Swift. "Seus nativos" (ou seja, os compatriotas de Gulliver) são considerados pelo rei de Brobdingnag "a raça mais perniciosa de pequenos vermes odiosos que a Natureza já admitiu rastejando na superfície da Terra", e o longo trecho do fim, denunciando a colonização e a conquista estrangeira, visa abertamente a Inglaterra, mesmo que de forma elaborada se afirme o contrário. Os holandeses, aliados da Inglaterra e alvos de um dos mais famosos panfletos de Swift, também são atacados de maneira bastante violenta na terceira parte. Soa inclusive como pessoal a passagem em que Gulliver sublinha sua satisfação ao constatar que os diversos países por ele descobertos não poderiam se tornar colônias da coroa britânica:

"Os houyhnhnms não parecem, de fato, estar tão bem preparados para a guerra, uma ciência decididamente estranha para eles, sobretudo no referente às armas de arremesso. No entanto, fosse eu ministro de Estado, nunca sugeriria invadi-los... Imaginem vinte mil deles investindo contra o miolo de um exército *europeu*, causando confusão nas fileiras, derrubando carros, espancando os rostos dos soldados até que virassem múmias, com terríveis golpes desferidos por suas patas traseiras."

Sabendo que Swift não usa palavras à toa, a frase "espancando os rostos dos soldados até que virassem múmias" provavelmente indica um desejo secreto de ver os invencíveis exércitos do duque de Marlborough tratados dessa maneira. Há indicações semelhantes em outros momentos. O país mencionado na terceira parte, onde "a maior parte do povo é, de certa maneira, composta por Descobridores, Espectadores, Informantes, Acusadores, Promotores, Testemunhas, Juradores, junto com seus diversos Instrumentos subservientes e subalternos, todos sob as Cores, a Conduta e a Folha de Pagamento dos ministros de Estado", chega a se chamar Langdon, ao qual falta apenas uma letra para ser o anagrama de *England* (como as primeiras edições do livro tinham muitos erros de impressão, é possível que se quisesse um anagrama completo). A repulsa *física* de Swift pela humanidade certamente era real, mas fica para o leitor a sensação de que a sua maneira de desmascarar a magnanimidade humana, com diatribes contra os poderosos, os políticos, os favoritos da corte etc., tem uma intenção sobretudo local e com origem na sua condição pessoal, pelo fato de se encontrar no partido malsucedido. Swift denuncia a injustiça e a opressão, mas não dá provas de gostar da democracia. Ainda que gozasse de poderes bem maiores, sua posição implícita é muito semelhante à dos inúmeros conservadores tolos e espertos dos nossos dias — gente como Sir Alan Herbert, o professor G. M. Young, Lorde Elton, o Comitê de Reforma do Partido Conservador e a longa linhagem de apologistas católicos, de W. H. Mallock em diante: pessoas que se especializam em fazer piadinhas elegantes às custas de tudo que é "moderno" e "progressivo", com opiniões que costumam ser das mais radicais por saberem que não podem influenciar a evolução real dos acontecimentos. No fundo, um panfleto desse como *argumento para provar que a abolição do cristianismo* etc. é como Timothy Shy se divertindo com o Brains Trust, ou o padre Ronald Knox expondo os erros de Bertrand Russell. A facilidade com que Swift foi perdoado — inclusive por crentes devotos — pelas blasfêmias de *História de um tonel* demonstra perfeitamente a fragilidade dos sentimentos religiosos quando comparados com os políticos.

No entanto, não é em suas filiações políticas que o molde reacionário do pensamento de Swift melhor aparece. É principalmente em sua atitude com relação à ciência e à curiosidade intelectual como um todo. A famosa descrição da Academia de Lagado, na terceira parte de *As viagens de Gulliver*, sem dúvida se justifica enquanto sátira aos chamados cientistas da época de Swift. Os acadêmicos são significativamente chamados "projetistas", quer dizer, não engajados em pesquisas desinteressadas, mas apenas à procura de instrumentos que poupem trabalho e rendam dinheiro. Junto a isso, não há nenhum sinal — na verdade, no livro inteiro há muitos sinais em contrário — de que a ciência "pura" parecesse a Swift uma atividade digna de atenção. O cientista mais sério citado no livro já havia, na segunda parte, levado um chute no traseiro, quando os "eruditos", patrocinados pelo rei de Brobdingnac, tentavam explicar a pequena estatura de Gulliver:

"Depois de muita discussão, concluíram por unanimidade que eu não passava de um *relplum scalcath*, que literalmente quer dizer *lusus naturae*, determinação bem conforme à filosofia moderna da Europa, cujos professores, desprezando o velho subterfúgio das *causas ocultas*, com que os seguidores de Aristóteles tentavam disfarçar sua ignorância, inventaram essa maravilhosa solução para todas as dificuldades. Admirável progresso da ciência humana."

Considerando o trecho por si só, poderíamos imaginar Swift contrário apenas à ciência fraudulenta. Em vários momentos, porém, ele faz questão de proclamar a inutilidade de todo aprendizado ou especulação intelectual não direcionado a fins práticos:

"O aprendizado (dos brobdingnagianos) é muito deficiente, consistindo apenas em Moral, História, Poesia e Matemática, matérias em que eles realmente sobressaem. Mas esta última é exclusivamente aplicada ao que pode ser útil na vida prática, para o aprimoramento da agropecuária e de todas as artes mecânicas, de modo que entre nós ela seria muito pouco estimada. Já com relação a Ideias, Entidades, Abstrações e Transcendências, seria impossível introduzir, em suas cabeças, uma mínima compreensão nesse sentido."

Já os houyhnhnms, os seres ideais de Swift, são atrasados inclusive no plano mecânico. Não estão familiarizados com metais, nunca ouviram falar de navios, não praticam, na verdade, a agropecuária (dizem que a aveia de que vivem "cresce naturalmente") e parecem não conhecer a roda.[1] Não dispõem de um alfabeto e, com toda evidência, não têm grandes curiosidades em relação ao mundo físico. Não acreditam na existência de

---

[1] Houyhnhnms velhos demais para andar são descritos carregados em "trenós" ou numa "espécie de veículo puxado como um trenó". Eles provavelmente ignoravam a roda. (N.A.)

outro país habitado, e, embora entendam os movimentos do sol e da lua, assim como a natureza dos eclipses, "este é o conhecimento mais avançado da sua *astronomia*". Em contrapartida, os filósofos da ilha voadora de Laputa estão o tempo todo absortos em especulações matemáticas, de forma que, para que ouçam, é preciso antes bater na orelha deles com um balão de soprar, para chamar atenção. Eles catalogaram dez mil estrelas fixas, estabeleceram os períodos de noventa e três cometas e descobriram, antes dos astrônomos da Europa, que Marte tem duas luas — informações que Swift evidentemente considera ridículas, inúteis e desinteressantes. Como era de se esperar, ele acha que o lugar do cientista, caso haja um, é no laboratório, e que o conhecimento científico deve ser alheio às questões políticas:

"O que eu (…) achava totalmente inexplicável era a forte disposição que observei neles em relação às notícias e à política, sempre interessados em assuntos públicos, dando suas opiniões em questões de Estado e contestando apaixonadamente detalhes do ideário de cada partido. Na verdade, observei a mesma disposição na maioria dos matemáticos que conheci na Europa, embora nunca tenha conseguido perceber a menor analogia entre as duas ciências; a não ser que essas pessoas suponham que, tendo o menor dos círculos tantos graus quanto o maior, consequentemente a regulação e a administração do mundo não exigem qualquer outra habilidade além de simplesmente manejar e girar um globo."

Não há algo familiar na frase "nunca tenha conseguido perceber a menor analogia entre as duas ciências"? É o exato tom dos apologistas católicos mais populares, que se mostram surpresos quando um cientista opina sobre questões como a existência de Deus ou a imortalidade da alma. O cientista, para eles, é um especialista apenas num campo restrito: por que suas opiniões teriam valor em qualquer outro? Deduz-se daí que a teologia é uma ciência exata, tanto quanto, por exemplo, a química, sendo o padre também um especialista com conclusões sobre certos assuntos, que devem igualmente ser aceitas. Na verdade, Swift faz a mesma observação com relação ao político, mas vai além, ao não admitir que o cientista — tanto o cientista "puro" quanto o pesquisador *ad hoc* — seja útil na sua própria linha de pesquisa. Mesmo que não tivesse escrito a terceira parte de *As viagens de Gulliver*, poderíamos deduzir, pelo restante do livro, que, como Tolstói e Blake, ele abomina até mesmo a ideia de estudar os processos da natureza. A "razão" que ele tanto admira nos houyhnhnms não se refere especificamente ao poder de tirar deduções lógicas dos fatos observados. Embora ele nunca a defina propriamente, tal "razão" parece, na maioria dos contextos, significar apenas senso comum — ou seja, aceitação do óbvio e desprezo por sofismas e abstrações —, ou ausência de paixão e de superstição. Swift em geral parte do princípio de que já sabemos tudo que precisamos saber, mas que usamos de maneira errada o conhecimento. A medicina, por exemplo, é uma ciência inútil, já que, se vivêssemos de forma mais natural, não haveria doenças. Não o imaginemos, contudo, um mero defensor da vida simples ou um admirador do "bom selvagem". Ele é a favor da civilização e das artes civilizatórias. Não só reconhece o valor das boas maneiras, da boa conversação e até do aprendizado literário e histórico, mas também vê que a agropecuária, a navegação e a arquitetura precisam ser estudadas e podem vantajosamente ser aprimoradas. Seu objetivo implícito, entretanto, é uma civilização estática e sem curiosidades — o mundo da sua época, só que um pouco mais limpo, um pouco mais saudável, sem mudanças radicais e sem se aventurar no desconhecido. Mais do que se poderia esperar de alguém tão livre das falácias comumente aceitas, ele reverencia o passado, principalmente a Antiguidade clássica, e acredita que o homem moderno degenerou, sobretudo nos últimos cem anos.[2] Na ilha dos feiticeiros, onde os espíritos dos mortos podem ser convocados à vontade:

"Eu gostaria que o Senado de Roma pudesse surgir à minha frente numa grande câmara, e em outra o contraponto, um representante da atualidade. O primeiro pareceria estar numa assembleia de heróis e semideuses,

---

[2] A decadência física que Swift afirma ter observado pode ter sido uma realidade naquela época. Ele atribui isso à sífilis, que era uma doença nova na Europa e pode ter sido mais virulenta do que é agora. Os licores destilados também foram uma novidade no século XVII e devem ter contribuído muito para o aumento do alcoolismo. (N.A.)

enquanto o outro numa súcia de feirantes, de batedores de carteiras, de salteadores e de valentões."

Swift usa esse capítulo da terceira parte para pôr em dúvida a veracidade da história registrada, mas seu espírito crítico o abandona assim que entram em cena gregos e romanos. Ele se refere, é claro, à corrupção da Roma imperial, mas tem uma admiração quase irracional por alguns personagens do mundo antigo:

"Fiquei impressionado e em profunda admiração ao vislumbrar *Brutus*. Imediatamente reconheci no personagem a virtude mais sublime, a intrepidez e a firmeza de espírito, o amor mais verdadeiro por seu país e a mais generalizada afeição pela humanidade, tudo isso expresso nas linhas do seu semblante. Tive a honra de conversar muito com Brutus e ficou claro que seus antepassados Junius, Sócrates, Epaminondas, Cato, o jovem, Sir Thomas More e ele próprio estão sempre juntos: um sextunvirato ao qual nem todas as eras do mundo poderiam acrescentar um sétimo."

Note-se que, dessas seis pessoas, apenas uma é cristã. Este é um ponto importante. Se somarmos o pessimismo de Swift, sua reverência pelo passado, sua falta de curiosidade e seu horror ao corpo humano, chegamos a algo comum entre reacionários religiosos — isto é, pessoas que defendem uma divisão injusta da sociedade, alegando que nosso mundo não pode ser substancialmente melhorado e apenas o "próximo mundo" importa. Swift, no entanto, não dá o menor sinal de crença religiosa, pelo menos no sentido comum da palavra. Ele não parece acreditar seriamente em vida depois da morte e sua ideia de bondade está diretamente ligada ao republicanismo, ao amor pela liberdade, à coragem, à "afeição" (significando, na verdade, espírito público), à "razão" e a outras qualidades pagãs. Isso nos faz lembrar de outra tendência em Swift, não muito coerente com sua descrença no progresso e com seu ódio geral pela humanidade.

Para começar, há momentos em que ele é "construtivo" e até "avançado". Ser ocasionalmente inconsistente é quase uma marca de vitalidade em livros utopistas, e Swift às vezes insere um elogio numa passagem que deveria ser puramente satírica. Assim, suas ideias sobre a educação dos jovens geram as dos liliputianos, que têm, sobre esse tema, as mesmas opiniões que os houyhnhnms. O povo de Lilipute conta também com várias instituições sociais e jurídicas (por exemplo, garantem-se pensões para os idosos, e as pessoas são recompensadas por cumprir a lei, bem como punidas por infringi-las) que Swift gostaria de ver em seu próprio país. No decorrer desse trecho, se lembra da sua intenção satírica e acrescenta: "Mencionando essas e as leis subsequentes, eu queria me referir apenas às instituições originais, sem as corrupções mais escandalosas em que essas pessoas caem, dada a natureza degenerada do homem." Entretanto, como Lilipute em princípio representa a Inglaterra, e as leis de que ele fala nunca nem de longe haviam existido em seu país, fica claro que o impulso de fazer sugestões construtivas foi demais para ele. Contudo, a maior contribuição de Swift para o pensamento político, no sentido mais restrito da palavra, foi o seu ataque, sobretudo na terceira parte, ao que se poderia chamar totalitarismo. Ele dá mostras de uma antevisão extraordinariamente clara do "Estado policial" assombrado por espiões, com suas intermináveis caças a "heresias" e seus julgamentos por traição, todos realmente planejados para neutralizar o descontentamento popular, transformando-o numa histeria de guerra. É preciso lembrar que Swift está deduzindo o todo a partir de uma parcela bem pequena, já que os frágeis governos daquela época não patenteavam isso. Como exemplo, temos o professor da Escola de Projetistas Políticos que "me mostrou um extenso trabalho com instruções para descobrir complôs e conspirações", afirmando ser possível descobrir os pensamentos secretos das pessoas pela análise dos seus excrementos:

"Visto que as pessoas nunca estão tão sérias, atentas e compenetradas como quando estão defecando, o que, aliás, ele descobriu por meio de repetidas experiências: quando pensava em assassinar o rei, simplesmente para fins de teste da hipótese, observava que suas fezes apresentavam uma coloração esverdeada, bem diferentes de quando pensava em apenas levantar uma insurreição ou incendiar a cidade."

Dizem que o episódio do professor e da sua teoria foi sugerido a Swift — a meu ver de forma nem tão surpreendente ou nojenta — pela descoberta de cartas que tinham sido jogadas numa privada, durante um julgamento no tribunal, naquela época. No mesmo capítulo, mais adiante, temos a real impressão de estar num dos atuais processos russos de expurgo:

"No reino de Tribnia, chamado Langdon pelos nativos (...), a maior parte do povo é, de certa maneira, composta por Descobridores, Espectadores, Informantes, Acusadores, Promotores, Testemunhas, Juradores (...). Primeiro entram em acordo e combinam quais suspeitos serão acusados de conspiração. Então todas as suas cartas e documentos são confiscados e os acusados são presos. Esse material é entregue a artistas muito hábeis em descobrir os misteriosos significados de palavras, sílabas e letras (...). Onde esse método falha, eles têm dois outros mais eficazes, que os iniciados chamam *acrósticos* e *anagramas*. Em *primeiro lugar*, todas a letras iniciais podem ser decifradas a partir de seu significado político. Por exemplo, N pode significar uma conspiração; B um regimento montado; L a frota no mar. *Em segundo lugar*, transpondo essas letras para qualquer documento suspeito, revelam-se as mais profundas intenções de um partido insatisfeito. Seguindo esse raciocínio, se eu em carta disser a um amigo que *'our brother Tom has just got the piles'* [nosso irmão Tom está com problema de hemorroidas], um bom decifrador saberia que as mesmas letras que formam essa frase podem servir para compor as seguintes palavras: *'Resist — a plot is brought home the tour'* [Resistam — uma conspiração está a caminho]. É o método anagramático."

Outros professores da mesma escola inventam linguagens simplificadas, escrevem livros com máquinas, educam seus alunos inscrevendo a lição numa hóstia para que a engulam ou propõem a eliminação da individualidade extraindo parte do cérebro de uma pessoa para enxertá-la na cabeça de outra. Há algo de estranhamente familiar nesses capítulos, já que, em meio a tanto engano, existe uma percepção de que um dos objetivos do totalitarismo não é apenas assegurar que as pessoas tenham os pensamentos certos, mas realmente torná-las *menos conscientes*. Uma vez mais, a narrativa de Swift, mencionando o governante de uma tribo de yahoos e um dos seus "favoritos", que antes fazia o trabalho sujo e depois passou a ser bode expiatório, se encaixa muito bem no padrão dos nossos tempos. Será que disso devemos deduzir que Swift fosse prioritariamente contra a tirania e defendesse a liberdade de pensamento? Não creio; seus pontos de vista, na medida em que podemos identificá-los, não são exatamente liberais. Ele de fato detesta poderosos, reis, bispos, generais, grandes damas em voga, ordens, títulos e falcatruas em geral, mas não parece considerar melhores as pessoas comuns, ser a favor de maior igualdade social ou se entusiasmar com instituições representativas do povo. Os houyhnhnms mais ou menos se organizam em um sistema de castas de caráter racial, com os cavalos que fazem o trabalho braçal se distinguindo da elite por suas cores e não cruzando fora das suas castas. O sistema de educação que Swift admira nos liliputianos tem como princípio as distinções hereditárias de classe, ou seja, as crianças mais pobres não vão à escola, pois "sua função se limita a preparar e cultivar a terra (...) donde a educação delas ser de pouco interesse para o bem público". Ele sequer parece ter sido a favor das liberdades de expressão e de imprensa, apesar de seus próprios escritos terem sido muito bem tolerados. O rei de Brobdingnag se surpreende com a multiplicidade de seitas religiosas e políticas na Inglaterra e considera que aqueles que têm "opiniões prejudiciais ao interesse público" (no contexto isso parece significar simplesmente opiniões heréticas), mesmo que não sejam obrigados a mudá-las, deveriam ser obrigados a ocultá-las, pois "é tirania, em qualquer governo, exigir a primeira opção, mas seria uma fraqueza não impor o cumprimento da segunda". Há uma indicação ainda mais sutil quanto às convicções pessoais de Swift na maneira como Gulliver deixa a terra dos houyhnhnms. Ao menos de forma intermitente, Swift era uma espécie de anarquista e a quarta parte de *As viagens de Gulliver* de certa forma esboça uma sociedade anarquista, não governada por leis, no sentido comum, mas pelos ditames da "razão", voluntariamente aceitos por todos. A Assembleia Geral do houyhnhnms "exorta" o senhor de Gulliver a se livrar dele, e seus vizinhos o pressionam para que ele siga o conselho. Duas justificativas são apresentadas. Uma é que a presença daquele estranho yahoo pode incomodar o resto do povo, e outra é que a relação amigável entre um houyhnhnm e um yahoo "não é agradável à razão nem à natureza, nem foi vista antes entre eles". O senhor de Gulliver hesita em obedecer, mas a "exortação" (um houyhnhnm nunca é *forçado* a fazer alguma coisa, ele é apenas "exortado" ou "aconselhado") não pode ser desconsiderada. Isso ilustra perfeitamente a tendência totalitária que é explicitada na visão anarquista ou pacifista da sociedade. Numa sociedade em que não há lei e, em teoria, não há coação, o único árbitro do comportamento é a opinião pública. Só que a opinião pública, tendo em vista a enorme inclinação à conformidade em animais gregários, é menos tolerante do que qualquer sistema de lei. Quando seres humanos são governados pelo "não farás", o indivíduo pode optar por certa excentricidade, mas quando são supostamente governados pelo "amor" ou pela "razão", sofrem uma pressão contínua para que se comportem e pensem exatamente como a coletividade. Os houyhnhnms, diz-se no livro, eram unânimes a respeito de quase todos os assuntos. A única questão que eles discutiram foi como lidar com o yahoo. Sem isso, não haveria lugar para discordância, já que a verdade é sempre evidente por si mesma ou é indetectável e sem importância. Aparentemente não havia, na língua houyhnhnm, uma palavra para "opinião", e nas conversas não existiam "pontos de vista divergentes". Eles de fato estavam no estágio mais elevado da organização totalitária, o estágio em que a conformidade se estabeleceu de forma tão generalizada que qualquer força policial se torna desnecessária. Swift aprova esse tipo de coisa porque, entre os seus muitos dons, nem a curiosidade nem a bondade se incluem. Para ele, a discordância sempre pareceria pura perversão. Entre os houyhnhnms, "a razão não é uma questão dúbia como para nós, que podemos ter argumentos plausíveis para lados opostos de uma mesma questão. Ela dá ao indivíduo uma convicção imediata, como deve ser. Em caso contrário, ela está misturada, obscurecida por paixões e interesses". Em outras palavras, se já sabemos tudo, por que opiniões dissidentes precisariam ser toleradas? A sociedade totalitária dos houyhnhnms, onde não pode haver liberdade nem evolução, decorre naturalmente disso.

É perfeitamente correto que se pense em Swift como um rebelde, um iconoclasta, mas, à exceção de certos pontos secundários, como sua insistência para que as mulheres recebessem a mesma educação que os homens, ele não pode ser rotulado "de esquerda". Trata-se de um anarquista tóri que faz pouco da autoridade, mas não acredita na liberdade e guarda uma visão aristocrática, embora convencido de que a aristocracia existente é degenerada e desprezível. Quando ele lança alguma das suas diatribes características contra os ricos e os poderosos, devemos descartar algumas farpas pelo fato dele estar, como já foi dito, no partido menos favorecido à época e, portanto, sentir certa decepção pessoal. Por razões óbvias, os que estão "fora" são sempre mais radicais do que os que estão "dentro".[3] O principal em Swift, con-

---

[3] No final do livro, como espécimes típicos da loucura e da maldade humanas, Swift cita "um advogado, um batedor de carteiras, um coronel, um tolo, um poderoso, um jogador, um político, um explorador de prostitutas, um médico, uma testemunha, um subornador de testemunhas, um procurador, um traidor e seus similares". Trata-se da violência irresponsável dos que estão fora do poder. A lista junta figuras que quebram o código convencional a outras que o mantêm. No caso, se você condena automaticamente um coronel, com que base condenaria um traidor? E para acabar com os batedores de carteira, leis são necessárias, o que implica em advogados. De um jeito ou de outro, toda essa passagem final, em que o ódio é tão autêntico e a motivação tão inadequada, mostra-se pouco convincente. Fica a impressão de vir de uma animosidade pessoal. (N.A.)

tudo, é sua incapacidade de acreditar que a vida — a vida comum na sólida Terra e não numa versão racionalizada e desodorizada do planeta — pode valer a pena ser vivida. Claro, ninguém pode honestamente afirmar que a felicidade seja *agora* uma condição normal entre seres humanos, mas isso *talvez possa* se tornar normal e é em torno dessa questão que toda controvérsia política séria realmente gira. Swift tem muito em comum — mais do que até hoje se notou, creio eu — com Tolstói, outro descrente da possibilidade de felicidade. Em ambos, temos a mesma concepção anarquista encobrindo um estado de espírito autoritário, a mesma hostilidade com relação à ciência, a impaciência com os oponentes e a incapacidade de ver qualquer importância numa questão que não seja do seu interesse. Em ambos há uma espécie de horror ao processo real da vida, embora para Tolstói isso tenha ocorrido mais tardiamente na vida e de maneira diferente. A infelicidade sexual dos dois não era do mesmo tipo, mas havia algo em comum, uma mistura de ódio sincero e fascínio mórbido. Tolstói era um libertino arrependido que acabaria pregando o completo celibato enquanto continuava a praticar o contrário até a extrema velhice. Swift era provavelmente impotente e tinha um horror exagerado às fezes humanas — mas pensava nelas o tempo todo, como fica evidente em suas obras. Esses dois homens possivelmente não desfrutavam nem mesmo da pequena cota de felicidade que cabe à maioria dos seres humanos e, por motivos óbvios, não admitiam que a vida terrena pudesse apresentar avanços. A falta de curiosidade e a consequente intolerância de ambos brotam da mesma raiz.

A repulsa, o rancor e o pessimismo de Swift fariam sentido diante da possibilidade de existir "outro mundo", para o qual este que conhecemos seria um prelúdio. Como ele não parece acreditar em tal coisa, foi necessário criar um paraíso ficcional na Terra, mas bem diferente de tudo que se conhece e com tudo que ele desaprova — mentira, tolice, mudanças, entusiasmo, prazer, amor e sujeira — eliminado. Ele escolheu o cavalo como ser ideal, um animal que produz fezes não ultrajantes. Os houyhnhnms são seres deprimentes — e essa ideia é tão evidente que não vale a pena aprofundá-la. O talento de Swift conseguiu torná-los aceitáveis, mas eles certamente despertam em pouquíssimos leitores outra coisa além de antipatia. E isso não por orgulho ferido, só porque animais são retratados como superiores aos homens; afinal, dos dois, os houyhnhnms se parecem mais com os seres humanos do que os yahoos, e o horror de Gulliver por esses últimos, junto ao reconhecimento de que se trata da mesma espécie de criatura que ele próprio, contém um senso logicamente absurdo. Esse horror o invade já no primeiro contato: "Nunca vi, em todas as minhas viagens, animal tão desagradável nem contra o qual eu tenha tido tanta antipatia." Mas os yahoos são repelentes em comparação a quê? Não aos houyhnhnms, pois naquele momento Gulliver ainda não os conhecia. Só pode ser com referência a si mesmo, quer dizer, ao ser humano. Mais tarde, porém, descobrimos que os yahoos *são* seres humanos e a sociedade humana se torna insuportável para Gulliver porque os homens são yahoos. Assim sendo, por que a repulsa pelos humanos não se mostrou antes? De fato, o leitor é informado que os yahoos são muito diferentes dos homens, mas, ainda assim, iguais. Swift se excedeu em sua fúria e gritou aos seus semelhantes: "Vocês são ainda mais nojentos do que parecem!" Mesmo assim, é impossível ter algum tipo de solidariedade em relação aos yahoos, mas não é por oprimir yahoos que os houyhnhnms deixam de nos agradar. Não agradam porque a "razão" que os governa é na verdade um desejo de morte. Eles estão livres do amor, da amizade, da curiosidade, do medo, da tristeza e — exceto pelo que sentem com relação aos yahoos, que ocupam o mesmo lugar na comunidade deles que os judeus na Alemanha nazista — da raiva e do ódio. "Eles não têm afeto por seus filhotes pequenos ou jovens, mas o cuidado que demonstram em educá-los vem dos ditames da *razão*." Eles valorizam a "amizade" e a "magnanimidade", mas "isso não se limita a coisas em particular, são universais, abrangendo toda a raça". Também gostam das conversas, mas nelas não existem diferenças de opinião e "nada se diz além do que seja útil e sempre expressado de forma significativa". Os houyhnhnms praticam um controle de natalidade rigoroso, com cada casal produzindo dois filhos e, depois disso, abstendo-se de relações sexuais. Os casamentos são decididos pelos anciãos, seguindo princípios eugênicos, e na língua deles não existe palavra para "amor", no sentido sexual. Quando um houyhnhnm morre, tudo continua como antes, sem qualquer dor. O objetivo, aliás, é ser como um cadáver, sustentando, porém, uma vida física. Uma ou duas características, no entanto, parecem não ser estritamente "razoáveis", no uso que eles próprios fazem dessa palavra. Assim, eles dão importância não só à solidez física, mas à compleição atlética, além de se dedicarem à poesia. Tais extravagâncias talvez sejam menos arbitrárias do que parecem, contudo. Swift provavelmente enfatiza a força física dos houyhnhnms para deixar claro que eles jamais poderiam ser conquistados pela odiada raça humana, enquanto o gosto pela poesia figuraria como qualidade, já que para Swift a poesia era a antítese da ciência, que é, pelo seu ponto de vista, a mais inútil de todas as ambições. Na terceira parte, ele cita "imaginação, fantasia e invenção" como faculdades desejáveis, das quais os matemáticos laputanos (apesar do gosto por música) estavam totalmente distantes. É preciso lembrar que, embora Swift escrevesse admiráveis versos cômicos, o tipo de poesia que ele provavelmente achava interessante era a didática. Sobre a poesia dos houyhnhnms, ele diz:

"[ela] supera [a de] todos os demais mortais. A justeza das suas analogias, a concisão e a exatidão das descrições são realmente inimitáveis. Veem-se essas qualidades em todos os seus versos, que em geral exaltam a amizade e a magnanimidade, ou são elogios para os vencedores de corridas ou de outros exercícios físicos."

Infelizmente, nem mesmo o talento de Swift pôde dar um exemplo a partir do qual pudéssemos julgar a poesia dos houyhnhnms. A impressão é de que seria uma coisa fria (dísticos heroicos, provavelmente), sem maiores conflitos com os princípios da "razão".

É notoriamente difícil descrever a felicidade, e os retratos de sociedades justas e bem organizadas raramente são atraentes ou convincentes. A maioria dos criadores de utopias "favoráveis", no entanto, se preocupa em mostrar como seria a vida, se vivida de maneira mais plena. Swift defende uma simples recusa da vida, justificando essa atitude com a afirmação de que a "razão" consiste em frustrar os instintos. Os houyhnhnms, criaturas sem história, geração após geração continuam a viver com prudência, mantendo a população exatamente no mesmo nível, evitando todo tipo de paixão, sem sofrer doenças, enfrentando a morte com indiferença, treinando seus jovens nos mesmos princípios — e tudo isso para quê? Para que isso continue indefinidamente. Não existem, para eles, noções como a de que a vida aqui e agora vale a pena ser vivida, ou que possa se tornar algo que valha a pena ser vivido, ou de que deve ser sacrificada em prol de um bem futuro. O mundo sombrio dos houyhnhnms era a melhor das utopias que Swift podia construir, se admitirmos que ele não acreditava em "outro mundo" nem tinha qualquer prazer em certas atividades corriqueiras. Ainda assim, realmente não chega a ser algo exposto como desejável em si, e sim um pretexto para um ataque à humanidade. O objetivo, como sempre, é humilhar o homem, lembrando o quanto ele é fraco e ridículo, mas também, acima de tudo, malcheiroso. O motivo para isso é provavelmente a inveja, uma espécie de inveja que os fantasmas têm dos vivos, inveja por parte daquele homem que, não podendo ser feliz, teme que outros possam eventualmente ser um pouco mais felizes que ele. A expressão política de tal perspectiva é necessariamente reacionária ou niilista, pois quem a defende quer evitar que a sociedade evolua em alguma direção na qual seu pessimismo possa vir a ser traído. Pode-se fazer isso explodindo tudo ou evitando uma mudança social. No final das contas, Swift explodiu tudo, da única maneira possível, antes da bomba atômica — ou seja, ele enlouqueceu. Como tentei mostrar, entretanto, seus objetivos políticos eram, em geral, reacionários.

Por tudo isso que escrevi, pode parecer que sou *contra* Swift e que tenho como objetivo refutá-lo ou menosprezá-lo. Num sentido político e moral, isso é verdade, de acordo com a minha compreensão sobre ele. Por outro lado, ele curiosamente é um dos escritores que admiro com menos reservas e *As viagens de Gulliver*, em particular, é um livro do qual me parece impossível alguém se cansar. Na primeira vez em que o li, eu tinha oito anos — um dia antes de completá-los, para ser exato, porque roubei e li o exemplar que me seria dado de presente — e certamente o reli pelo menos seis vezes desde então. Seu fascínio me parece inesgotável. Se eu fosse fazer uma lista de seis livros a serem preservados quando todos os outros forem destruídos, certamente *As viagens de Gulliver* estaria entre eles. Isso levanta a questão: qual relação há entre concordar com as opiniões de um autor e o prazer que o seu trabalho proporciona?

Se alguém for capaz de desprendimento intelectual, pode *perceber* mérito num escritor do qual discorda em profundidade, mas ter *prazer* com um livro desse autor é outra coisa. Se houver arte de boa e de má qualidade, essa diferença deve residir na própria obra de arte — não independentemente de quem a aprecia, mas independentemente do estado de espírito de quem a aprecia. Assim sendo, não pode ser verdade que um poema seja bom na segunda-feira e ruim na terça-feira. Contudo, se alguém julgar o poema pela apreciação que ele desperta, isso pode ser verdade, pois apreciação ou prazer é uma condição subjetiva que não pode ser comandada. Durante boa parte das suas vidas despertas, as pessoas, por mais cultas que sejam, não têm sentimento estético algum e a capacidade para ter sentimentos estéticos é destruída com muita facilidade. Assustada, faminta, com dor de dente ou mareada, uma pessoa pode não achar *Rei Lear* melhor do que *Peter Pan*. Intelectualmente, ela acha que sim, que é melhor, mas é apenas um fato de que se lembra, sem sentir realmente o mérito de *Rei Lear*, até estar bem de novo. Da mesma forma, o julgamento estético pode ser perturbado — de maneira até pior, pois a causa é menos facilmente reconhecida — por algum desacordo político ou moral. Quando um livro irrita, fere ou assusta, não gostamos dele, quaisquer que sejam os seus méritos. Caso o consideremos realmente pernicioso e capaz de influenciar outras pessoas de forma indesejável, possivelmente montaremos uma teoria estética para mostrar que ele *não* tem méritos. A atual crítica literária em grande parte consiste nesse tipo de atitude, entre dois conjuntos de padrões. O procedimento oposto a isso também acontece: o prazer pode superar a desaprovação, mesmo que claramente se reconheça naquilo o desfrute de algo nocivo. O fato de Swift ter uma visão pessoal de mundo tão inaceitável e, mesmo assim, ser um escritor extremamente popular, é bom exemplo disso. Por que não nos importamos de ser chamados yahoos, embora estejamos firmemente convencidos de *não* sermos yahoos?

Como resposta, não basta dizer que Swift estava obviamente errado e, além disso, estava ficando louco, mas que era "um bom escritor". É bem verdade que a qualidade literária de um livro independe, de certa forma, do seu assunto. Algumas pessoas têm um dom natural para usar as palavras, assim como outras têm certo talento esportivo inato. Trata-se, em grande parte, de uma questão de senso de oportunidade e de instintivamente saber quanta ênfase usar. Tomemos como exemplo o trecho citado mais acima, que começa com "No reino de Tribnia, chamado Langdon pelos nativos". Muito da sua força vem da frase final: "É o método anagramático." Estritamente falando, essa frase é desnecessária, pois já vimos o anagrama decifrado, mas a repetição de falsa solenidade, em que se tem a impressão de ouvir a própria voz de Swift, evidencia a idiotice das atividades descritas, como a batida final de um prego. No entanto, nem todo o poder e a simplicidade da prosa de Swift, assim como o esforço de imaginação capaz de tornar não apenas um mundo, mas toda uma série deles, mais verossímeis do que na maioria dos livros de história, nada disso nos faria desfrutar de Swift se sua visão de mundo fosse realmente nociva e chocante. Milhões de pessoas em muitos países devem ter gostado de *As viagens de Gulliver*, mesmo que mais ou menos percebessem suas implicações anti-humanas. Até mesmo crianças que aceitam as primeira e segunda partes como uma simples fábula sentem o absurdo que são pessoas de quinze centímetros de altura. Uma explicação para isso deve ser que a visão de mundo de Swift talvez não seja totalmente falsa — ou provavelmente seria mais correto dizer: nem sempre falsa. Swift era um escritor doente. Estava o tempo todo deprimido, coisa que, na maioria das pessoas, é algo intermitente, como se alguém sofrendo de icterícia ou de sequelas de uma gripe pudesse ter energia para escrever livros. Todos passamos por estados de espírito assim e algo em nós reage a isso. Tomemos, por exemplo, uma das suas obras mais características, *The Lady's Dressing Room* [O quarto de vestir de uma senhora] e juntemos ainda o poema, no mesmo espírito, *Upon a Beautiful Young Nymph Going to Bed* [Sobre uma bela e jovem ninfa indo se deitar]. Em seguida podemos nos perguntar: o que é mais verdadeiro, o ponto de vista expresso nesses dois poemas ou o ponto de vista implícito na frase de Blake: "a forma humana feminina nua é divina"? Blake está sem dúvida mais perto da verdade, mas quem pode evitar sentir uma espécie de prazer ao ver a fraude da delicadeza feminina desmascarada ao menos uma vez? Swift deturpa sua imagem do mundo ao ver na vida humana apenas sujeira, loucura e maldade, mas essa parte que ele abstrai do todo existe e é algo que todos conhecemos, mas evitamos mencionar. Parte das nossas mentes — em qualquer pessoa normal é a parte dominante — acredita que o homem é um animal nobre e que vale a pena viver; mas há também uma espécie de *eu* interior que, pelo menos de vez em quando, se assusta com o horror da existência. De forma muito estranha, prazer e repulsa estão ligados. O corpo humano é belo, mas também repulsivo e ridículo, como se pode verificar em qualquer piscina. Os órgãos sexuais são objetos de desejo e também de aversão, tanto que em muitas línguas, senão em todas, seus nomes são usados como expressões de insulto. A carne é uma delícia, mas qualquer açougue dá náusea e, de fato, tudo que comemos provém, em última análise, de esterco e de cadáveres, duas coisas que, entre todas, nos parecem particularmente horríveis. Uma criança, já ultrapassado o estágio infantil, mas que ainda vê o mundo com olhos frescos, é movida pelo horror quase tão frequentemente quanto pelo assombro — horror ao catarro e à saliva, ao cocô dos cachorros na calçada, ao sapo morto cheio de vermes, ao cheiro suado dos adultos, à feiura dos velhos com suas calvícies e narizes protuberantes. Ao interminavelmente insistir em doenças, em sujeira e em deformidades, Swift não está inventando coisa alguma, mas apenas deixando alguma coisa de fora. Também o comportamento humano, especialmente na política, é como ele descreve, embora existam outros fatores, mais importantes, que ele se recusa a admitir. Até onde é possível entender, tanto o horror quanto a dor são necessários à continuidade da vida neste planeta. Pessimistas como Swift podem então dizer: "Se o horror e a dor estão sempre conosco, como pode a vida ter significativamente melhorado?" Tal atitude é, na verdade, a atitude cristã, mas desprovida do atrativo de um "outro mundo" — que, no entanto, provavelmente tem menos influência na cabeça dos fiéis do que a crença de ser este mundo um vale de lágrimas, e o túmulo um lugar de descanso. Trata-se, tenho certeza, de uma atitude errada e que pode ter efeitos prejudiciais sobre o comportamento; mas algo em nós responde às palavras sombrias do serviço fúnebre e ao cheiro adocicado dos cadáveres nas igrejas do interior.

Costuma-se argumentar, pelo menos entre pessoas que admitem a importância do assunto, que um livro não pode ser "bom" se ele expressa uma visão claramente falsa da vida. Essas pessoas dizem que, pelo menos em nossa época, um livro que tenha genuíno mérito literário terá também uma tendência mais ou menos "progressista". Com isso ignora-se o fato de que, ao longo da história, uma luta semelhante entre progresso e reação tem sido travada e que os melhores livros de qualquer época sempre foram escritos a partir de vários pontos de vista, alguns claramente mais falsos que outros. Na medida em que um escritor é sempre um propagandista, o máximo que se pode pedir é que ele acredite genuinamente no que diz e que isso não seja algo extremamente tolo. Hoje, por exemplo, pode-se imaginar que um bom livro esteja sendo escrito por um católico, um comunista, um fascista, um pacifista, um anarquista, talvez até por um liberal à moda antiga ou um conservador comum, mas não por um espiritualista, um buchmanita ou um membro da Ku-Klux-Klan. Os pontos de vista de um escritor devem ser compatíveis com a sanidade, no sentido médico, e com a força do pensamento contínuo: além disso, o que esperamos dele é o talento, que provavelmente é outro nome para convicção. Swift não tinha uma sabedoria ordinária, mas era dono de uma visão terrível e intensa, capaz de escolher uma única verdade oculta para depois aumentá-la e distorcê-la. A longevidade de *As viagens de Gulliver* mostra que, havendo sinceridade, uma visão de mundo que passa no teste da sanidade mental já basta para produzir uma grande obra de arte.

SOBRE O AUTOR

George Orwell (1903-1950) nasceu em Motihari, na Índia, filho de pai inglês e mãe francesa. Com ele ainda criança, os pais retornaram para a Inglaterra. Mas, entre 1922 e 1927, o escritor voltou ao Oriente para servir nas forças imperiais da Birmânia, atual Myanmar. Marcado pelo que viveu nessa então colônia inglesa, decidiu mudar os rumos de sua vida. Passou a lutar contra o colonialismo e as tantas outras formas de opressão. Essa luta o manteve muito próximo das classes trabalhadoras, de uma vida simples e de uma literatura mais fiel à realidade. Declarava-se socialista e contra todos os regimes totalitários, fossem eles de direita ou de esquerda. Seus romances de maior sucesso, *A revolução dos bichos* (1945) e *1984* (1949), fizeram dele um ícone da literatura mundial. George Orwell é pseudônimo literário do cidadão Eric Arthur Blair, que morreu de tuberculose, aos 46 anos, num hospital de Londres.

DIREÇÃO EDITORIAL
Daniele Cajueiro

EDITORES RESPONSÁVEIS
Ana Carla Sousa
André Seffrin

PRODUÇÃO EDITORIAL
Adriana Torres
Laiane Flores
Ian Verçosa

REVISÃO DE TRADUÇÃO
Sofia Soter

REVISÃO
Stéphanie Roque

PROJETO GRÁFICO
Rafael Nobre

DIAGRAMAÇÃO
Futura

Este livro foi impresso em 2021
para a Nova Fronteira.